理論編

文芸研の総合学習

〈ものの見方・考え方〉の関連系統指導による
「教科学習の確立」と「総合学習の展開」の統一

文芸教育研究協議会会長
西郷竹彦編著

まえがき——文芸研のめざす総合学習

「総合的な学習の時間」ということで、いま教育の現場は右往左往しているありさまです。総合的学習に身を入れると教科学習がおろそかになり、かといって教科学習をしっかりやろうとなると、総合的学習どころではない——というジレンマに悩まされています。

このままだと、基礎・基本の学力どころか教科学習も総合的学習も、ともだおれになりかねません。いったい、この両者を無理なくつなげ統一するための確かな方法はないのでしょうか。

実は、私ども文芸教育研究協議会（文芸研）は、創立以来、半世紀近い年月、関連系統指導という形で、この課題に取り組んできております。本書は、まさに、「教科学習の確立と、総合学習の展開、その統一」という課題に対する私どもの「解答」ということになりましょう。

詳細は本書の内容を一読くださればご納得していただけると思いますが、おおまかに本書の構成と結論を述べておきたいと思います。

総合的学習の発想は今にはじまったことではなく、明治以降、戦前戦後にも、いろいろな形で提案、実践されてきました。その歴史をかえりみ、その貴重な遺産に学ぶとともに、その限界をも明らかにしました。

また、「学習指導要領」の〈目玉〉として提示された「総合的な学習の時間」の本質を批判・検討しながら、私ども文芸研のめざす「総合学習」のあり方を具体的に提示しました。

（記述にあたって、無用の混乱をさけるため、文部省の主張する「総合的な学習の時間」は「総合的な学習」と略記、私ども文芸研の場合は「総合学習」とし、それ以外のものはすべて「総合的学習」と記して、それぞれを区別しております。また、文芸研以外からの引用にあたってはすべて当該箇所の上に横罫を引きました。）

本書（「理論編」）につづき、「実践編」に文芸研の実践例をまとめました。

私どもの理論と実践に対して読者のみなさまからのきびしく、あたたかいご助言・ご批判をいただければ幸いです。

二〇〇〇年四月

文芸教育研究協議会会長　西郷竹彦

目次

第一章　「総合学習」への文芸研の歩み

今、教育の現場は「総合的な学習の時間」の話題でもち切っています。書店をのぞくと、教育書の本棚には総合的学習に関する本が山積みされています。

新「学習指導要領」によって、いきなり「総合的な学習の時間」（以下「総合的な学習」と略称）ということが打ち出され、教師たちの多くはとまどっています。

しかし「総合的な学習の時間」なるもの――つまり「総合的な学習」とか「総合学習」とか、あるいは名称は違っても総合的学習に類するもの――は、その起源は古く、遠くペスタロッチにまで溯ることができます。わが国においても、明治の学制施行以来、戦前、戦後の今日まで、さまざまな試みがなされてきました。（この歴史については元副会長の加藤憲一が第五章において詳しく述べております。）

「総合的な学習」なるものは、決して目新しいものではありません。では、今、なぜ、文部省は「総合的な学習」を新「学習指導要領」のいわば〈目玉〉としてもち出してきたのでしょうか。（そのことについては、追々、本書の至るところで、その本質が明らかにされるはずです。）

ところで文部省が提唱する「総合的な学習」は、民間教育研究団体や、民間の教育研究者が試みてきた総合的学習とは、その目的において、性格において、まったく異なるものであると言わざるをえません。

また、私ども文芸研が、創設以来、〈ものの見方・考え方〉（認識方法）の系統指導、さらにすべての教科を横断し、関連づけ、総合する〈関連系統指導〉と称する「総合学習」も、これまた、文部省の「総合的な学習」とは似て非なるものであることを断言しておきたいと思います。

では、文芸研が主張する「総合学習」とはいかなるものか、文芸研の創設以来、今日まで一貫して〈ものの見方・考え方〉を中軸としてすすめてきた歴史をたどり、そのことで文部省の「総合的な学習」の本質を批判し、文芸研が意図しているあるべき「総合学習」がいかなるものかを具体的に提示したいと思います。

文芸研出発の第一歩

〈文芸研の歴史――それは私ひとりよりはじまった〉

と、私は、『全集』（『西郷竹彦文芸・教育全集』恒文社）の別巻『文芸研の歴史』（一九九八年）の第一ページに記しました。

民間教育団体のほとんどは主義・主張をともにする数名の理論家や実践家がより合って創設されましたが、文芸研は、西郷の文芸学理論とその主張、思想に共鳴する教師たちが集いより、やがて全国的な規模にまでひろがったもので、すでに半世紀近くの歴史をきずいてきました。

ちなみに西郷文芸学の視点論は視点と対象の相関性の原理に基づくものであり、形象論もまた、形象相関の原理によるものでありました。構造論も形象相関の展開過程――筋ということを主張してきました。

このように西郷文芸学はその成立のはじめより、比較（類比、対比）、過程、条件、相関……などの〈ものの見方・考え方〉によって貫かれてきました。

西郷の処女著作『子どもの本』（実業之日本社、一九六四年）は、親と教師を対象にした著作であり、その内容は、子どもの文学をはじめ、演劇、美術、その他文化、社会の領域に及ぶものであり、その中核となる思想は〈関係認識の変革〉というものでありました。

西郷は、文芸研創設以前、日本文学教育連盟の常任委員をしておりましたが、連盟の一九六三年春の合宿研に提出した西郷の「提案文」がありますので、次に引用・紹介します。

すでに、この時点において西郷は〈関連〉指導ということの必要を力説していたことがおわかりと思います（傍線はすべて、総合学習にかかわるところを強調—西郷）。

なぜ、文学を読ませるか——関係認識・変革の文学教育

なぜ、われわれは文学を子どもに与えるのでしょうか?

それは、文学が子どもを育てる多くの事実を知っているからです。

すぐれた文学は、それをよむ子どもに深い感動を与え、文学をよむ楽しさを与えてくれます。

その感動や楽しさということは子どもたちが、作家の眼や耳をとおして、その肌をとおして、世界を知ることの喜びです。文学の主人公の生き方をともに生きることによって、人生を体験する喜びです。

人間は体験によって、自己を教育し、形成します。日常生活のなかで、さまざまな体験をすることによって、人間は教育されます。

生活指導は、子どもの人間形成にとって望ましい体験を、集団のなかにおいて、（関係のなかにおいて）意図

的に与えていく指導です。

文学の体験は、日常の生活において体験できないことを与えてくれます。また日常の生活で体験していても、うっかり見すごしてしまうようなことを、はっきりと意識的に体験させてくれます。

文学教育は、文学が本来もっているこのような働きにより、子どもたちに望ましい体験を体験させるいとなみであるといえます。つまり、国民教育が全体として目ざしている人間像の形成にむかって、一貫して、子どもの認識の発達と対応して、文学体験を組織していく教育です。

ところで文学体験は、日常の生活体験とちがって、ことばの形象（それも、すぐれた文学は典型的な形象ですが）を読みとりながらイメージを創造していくなかでなされる体験です。それは、美の体験といえます。したがって、ある主人公の行為が、いい、わるい、正しい、正しくないと判断されるだけでなく、その行為が、美しい、美しくないと感じられるところに、文学体験の大きな意味があります。

文学教育の眼目は、どのような体験が望ましいか、また、それらをどのようにして与えてゆくかにあります。そこから文学教材のえらび方、その系統的、立体的配列、さらに「教師の表現よみによる読み聞かせ」や、話しあい、また家庭での親子読書など、さまざまな場と方法が考えられます。


さて、観点をかえて、そもそも文学とは何かについて考えてみたいと思います。文学の本質をあきらかにするところから、あらためて文学教育のあり方を考えてみようというわけです。

わたしは、すぐれた文学とは、人間を歴史的社会的存在として典型的形象によって描きだしたものであると考えています。つまり、人間が対象（＝自然、人間、社会、歴史）に働きかけ、それをよりよき方向に変革してゆくことのなかで、自己もまた変革されるというお互の関係のなかに生きているものであることを、正しくとらえ描いたもの、ということです。

日本の現実にあっては、人間と自然、人間と人間、社会、歴史の諸関係は、深刻な矛盾をかかえています。われわれは（子どもをふくめて）歪められ、束縛されています。これらの基本的諸矛盾（階級的、民族的、市民的）を積極的に解決してゆく闘いなしには、われわれ自身の解放もありえないし、もちろん、子どもたちの正しい人間形成もまたありえません。（このことについては、すでに去年の総会報告や『国語教育』一九六三年十月号にて説明しましたので省略）

したがって、国民教育としての文学教育は、すぐれた文学の典型的な形象をよみとらせてゆくなかで、これらの諸矛盾のはらむ諸関係を具象的なイメージによって正しく認識させることです。

このような関係認識の力は、子どもたちが自分たちをとりまく現実そのもののなかにある諸関係を正しく認識する力へと転化し、さらに、それらの諸関係をよりよき方向へ変革してゆく主体として育てあげることを意味しています。

このような観点から、わたしはこれを「関係認識・変革の文学教育」と名づけています。

「関係認識・変革の文学教育」の立場から、私は次のような体系を考えます。

まず幼い子どもたちに、人間や事物は、すべて関係をもって存在するものであることを、しっかりと認識させることから、はじめるべきです。

さらに、これらの関係は不変・固定したものではなく、変革するものであること、しかも、それは関係自身のなかに矛盾をはらんでいることによるものであることを認識させてゆきます。

このようにして、子どもの認識の発達と相まって、より複雑な、より基本的、本質的な関係認識へと高めてゆき、今日、われわれ日本国民が解決しなければならない基本的な階級的関係、民族的関係、市民的関係の矛盾の認識へいたらしめなければなりません。

このような目標をもって順次に一貫した系統性が文学教育に必要です。この系統性は、他の教科、とくに自然科学、社会科学の諸教科と密接な関連をもつべきであることはもちろんです。

ところで、文学教育における関係認識は、たとえば歴史教育におけるそれとちがって、イメージ体験を通してであることは、すでに冒頭においてふれたところです。したがって文学教育における認識は、対象に対する限りない愛や憎しみの燃えているものであるはずです。このことなしには、文学教育の認識、体験は本来の意味を失ってしまいます。

さて、書きもらしてしまいましたが、文学は、作家のすぐれた、美しい、ふかい思想に支えられた個性的な言語表現によるものであり、したがって、すぐれた文学を読むということは、当然、すぐれた国語を身につけるということでもあります。

文法を軸とした系統的な言語教育、言語活動教育と相まって、文学教育は、独自の言語教育的機能をはたさねばなりません。

以上述べてきたことを要約しますと、中国的な表現をかりれば、文学教育は「知育・徳育・美育」に同時にかかわりあうものとして考えられねばならないでしょう。ここから私は、小学校においては「国語科」という構造のなかにおいて文学教材がどのような観点から扱われるべきかを『日本文学』(一九六三年十二月号)にて詳説しました。(ここには省略します)

さいごに、文学教育の方法に関連して、一つだけ提案しておきます。

○教材の立体化・総合化・系統化ということ。

これまでは一つの教材について、それをどう教材研究し、また授業したかについては、実践の記録がだされていますが、A・B・C……教材の相互の関連と、そのひとまとまりのねらいをどうするかについての実践はほとんどなされていません。関係認識の観点にたっての、教材の組み合せ方について今後一層の研究と実践が望ましいと思います。

ごらんのとおり、すでに一九六〇年代はじめ（今から四十年前）、西郷は認識論的な立場から〈関係認識変革の教育〉を主張し、認識の系統化をもとに〈順次に一貫した系統性が文学教育に必要〉なことを力説し、かつ、〈この系統性は、他の教科、とくに自然科学、社会科学の諸教科と密接な関連をもつべきである〉ことを提唱しております。

関連系統指導の原理に基づく「総合学習」への第一歩が、まさにここに見て取れるはずです。

『子どもの本』につづいて出された『関係認識・変革の教育』（明治図書、一九六六年）は、〈ものごとの見方・変え方〉を学ばせる、ということを主張したものです。この本の「あとがき」がそのことを要約していると考えますので、次に引用します。

〈関係認識・変革の教育〉とは何か　日本の現実――それは、人間と自然、人間と人間、社会・歴史との諸関係が複雑、深刻な差別と矛盾をはらんだ現実である、といえましょう。

われわれは（子どもをふくめて）このような諸関係のなかで、歪められ、ひきさかれ、がんじがらめにされているのです。

だからこそ、自己の解放、現実の変革ということは、これらの差別や矛盾をはらんだ歪んだ諸関係を、正常な関係へ変革するということにほかなりません。

したがって、**国民教育としての**文学教育は、すぐれた文学の典型的な形象をよみとらせてゆくなかで、これらの諸関係を具象的なイメージによって正しく認識させることであり、また、作文教育は、矛盾と差別をはらむ諸関係の中に生きる子どもたちに、それらの関係を正しく認識させ、よりよい関係を志向させるために、子ども自身のことばで、現実の事物の諸関係を自己との緊張関係において、概念的に、また形象的にとらえさせる教育ということになります。また、生活指導、集団主義教育といわれるものは、日常性のなかに埋没して自覚されないままに停滞している人間関係を、人為的・意図的にのぞましい人間関係の構造のなかに組織しなおすことによって、日常的な人間関係のなかにある矛盾や差別を止揚し、関係を変革して、のぞましい関係へと転化・発展させる教育の方法であると思います。おなじく演劇教育においても、日常的な人間関係のなかで歪められている子どもたちを「虚構の人間関係」、つまりドラマの世界に呼吸させることによって、これまで体験したことのない関係をその行動によって生きさせるということです。このことは、子どもたちの行動によって、矛盾をはらむ関係を認識させ、行動によってそれを止揚解決することを学ばせる教育です。それは現実を〈ドラマの目〉で、つまり〈関係認識の目〉で見る力を育てることであり、ひいては、現実をドラマティックに変革する力を与えることになるのです。

このような観点から、わたしはそれを〈関係認識・変革の教育〉と名づけ、**〈ものごと〉を見る目と、つくり変える手をきたえる教育**であるといっております。

〈もの〉とは「者」「物」をさし、〈こと〉とは「事」、つまり〈もの〉の動き、変わる、ありさま、すがたをさし、これらをひとつにして〈ものごと〉と呼び、現実・世界・事物・現象……といわれていることをすべてこのことばで総称しています。

ところで、戦後の民主教育において「ものの見方・感じ方・考え方」を育てるということがいわれ、それは大きな成果をあげましたが、一方、「認識しかるのちに行動」という図式的な二元観の生まれたことも否めません。真の認識は現実を変革する行動の過程において保証されるものであることがあいまいにされ、変革の行動ときりはなしたところで認識を育てることが可能であるような錯覚があったと思うのです。

認識と変革（その志向と行動）の関係は単なる前後関係ではありません。主体と状況を変革する過程において認識はふかめられ、その認識は主体の行動を方向づけ、さらに変革をのぞましい方向におしすすめるという（認識↓↑変革）の相互関係にあると思います。

このような観点から、わたしは〈ものごと〉の見方・変え方を学ばせる教育ということを唱えています。それは〈ものごと〉の見方（および感じ方・考え方）をより高いものへと変えてゆくとともに、〈ものごと〉そのものの変え方をも学ばせていくという教育のことです。もちろん正しい〈ものごと〉の見方そのものは、〈ものごと〉を変えていく過程においてはじめてつくりだされるものであることをも、それは意味しております。（後略）

〈関係認識・変革の教育〉は、自己と自己を取りまく世界をよりよい方向に変革する主体を育てることを目的としています。この目的は今日まで一貫して変わるところはありません。

そのために西郷は、単に〈ものの見方〉ということだけでなく、〈ものの変え方〉という実践的、行動的な教育を主張したのです。対象を見つめるだけで対象についての正しい認識が得られるわけではありません。対象を変革するという実践・行動において対象の正しく深い認識も可能となるのです。現実・生活・実践・行動ということを重視するところから総合的学習も出発するべきであることを示唆するものと言えましょう。

『関係認識・変革の教育』と同じころ、西郷は『文学教育入門』（明治図書、一九六五年）を出しました。〈関係認識・変革の教育〉の観点から書かれたもので、当時、教科書教材として数社の教科書に採用されていたソビエトの作家アルチューホワの「大きな白樺」（西郷訳）をテキストとして、西郷文芸学の出発点ともなった視点論と形象論を具体的に展開したのです。

視点と対象の相関、形象と形象の相関、という〈相関〉をクローズアップした論述でした。〈相関〉とは、〈ものの見方・考え方〉（認識方法）の中のきわめて重要な認識方法の一つです。〈相関〉とは、互いにひびき合っている。つれ合って変わる——ということです。

〈相関〉ということは、文芸学におけるばかりでなく（つまり文芸教育だけでなく）他の、理科、社会科などにおいてももちろん、重要な認識方法であることは言うまでもありません。

〈相関〉ということについて、また、その他の重要な〈ものの見方・考え方〉ということについて、一応の理解をしていただくために、西郷がおこなった文芸研の大会での講演記録、その他の文章をいくつか引用したいと思います。（一部重複するところもありますが、関連系統指導ということを理解していただくためにも、ひいては文芸研が主張する「総合学習」の原理を納得していただくためにも、遠まわりのようにも見えますが、かえって近道であろうと思います。傍線は現在の時点での西郷の主張に立つところでもあります。）

ものの見方・考え方ということ

1 〈もの〉と〈こと〉

子どものものの見方・考え方を育てるとか変えるということを教師は口にしたり書いたりします。

〈もの〉というのは人間という〈もの〉と、人間をとりまく、ありとあらゆるすべての〈もの〉、つまり森羅万象をさします。ものとは人間、自然、社会、歴史、文化、言語……その他、さまざまなものがあります。

〈ものごと〉と言うこともあります。これは〈もの〉と〈こと〉ということです。〈こと〉は現象のことです。すべてあらゆる〈もの〉は常にある状態にあります。ある〈かたち〉〈すがた〉〈ようす〉をもっています。〈もの〉の本質はある〈象〉（かたち・すがた・ようす）に現れるので、これを〈現象〉というのです。（〈本質〉と〈現象〉というのは認識論の基本的なカテゴリーの一つです。）

水という〈もの〉を例にとってみましょう。水は、水たまりや池のなかの水のようにじっと静まっているか、川の水のように流れているか、つまり静か動かどちらかの〈ようす〉〈すがた〉にあります。同じ流れているにしても、激しく流れているか、ゆるやかに流れているか、渦まいているか……とにかく、さまざまな状態にあります。いわゆる〈水百態〉といわれるものです。また、水は液体・固体・気体といろいろな相（すがた）をとります。液体であると同時に気体であるということはできません。同時に静と動という〈すがた〉をとることはできません。つねに変化はあるとしても、その一瞬一瞬は、ある状態・現象をとっているのです。

人間という〈もの〉もまた同様です。一人の人間を例にとって、このことを考えてみましょう。〈もの〉はつねにある〈こと〉をあらわし、ある〈こと〉は、ある〈もの〉の状態・現象であるということです。

人間は、寝ているか、起きているか、また起きているとしても、坐っているか、歩いているか、遊んでいるか、仕事をしているか……、あるいは、笑っているか、泣いているか、怒っているか……、とにかく何事かをしています。（何もしていないというのも何もしていないことをしているのです。）

〈こと〉をはなれて〈もの〉はありえないのです。逆にいえば〈もの〉をはなれて〈こと〉だけがあるということはありえないのです。〈もの〉と〈こと〉は表裏の関係にあります。

これから私が〈もの〉と言うときに〈ものごと〉のことだと受けとってください。

2　〈もの〉の見方・考え方

さて、〈もの〉の見方・考え方と言いますが、見方・考え方というのは、見る方法、考える方法ということです。親や教師はよく子どもに「ちゃんと見なさい」「しっかり考えなさい」「よく見、よく考えなさい」……というようなことを言います。でも、子どもは、どこを見たらいいのか、どう見ることが「ちゃんと見る」ということなのか知らないのです。「しっかり考える」とは、どのように考えることなのかがわからないのです。

いくら親や教師に口すっぱく「よく見、よく考えよ」といわれ、また、それをお題目にとなえても、それだけで子どもが「よく見、よく考える」ことができるようになるわけではありません。〈見方・考え方〉そのものを教え学ばせることなしに自然にいつのまにか見方・考え方ができるわけではないのです。

ところで〈ものの見方・考え方〉のことをむつかしい言葉で〈認識の方法〉といいます。〈認識〉というのは「わかる」という意味です。〈ものの見方・考え方〉は〈わかり方〉ということでもあります。

3　〈わかる力〉とは

〈わかる力〉とは〈認識の力〉ということです。

〈わかる力〉を育てるためには、なによりも〈わかり方〉(ものの見方・考え方)を教え学ばせることです。

たとえば泳ぐ力をつけるためには、まず泳ぎ方を教えます。泳ぎ方を知らずして泳ぐ力がつくはずはありません。もっとも、泳ぎ方を教わってわかった、おぼえたといっても、水に入ればすぐ泳げるわけではありません。習いおぼえた泳ぎ方でいくども泳いでいるうちに、泳ぎ方が身につくのです。泳ぎ方を教わり学ぶ、わかる、おぼえる、使いこなす、身につける……という形で人は泳ぐ力が育つのです。

〈ものの見方・考え方〉〈わかり方〉〈認識の方法〉も具体的に教材を使ってやさしく、おもしろく、わかりやすく教えることで、子どもたちは、それをおぼえ、それを使い、そして、それを身につけていくのです。

4　どこを〈見る〉のか

〈見る〉といっても、私たちは、ある〈もの〉のある状態・現象(つまり〈こと〉)を見るわけです。

水を見るといえば、水の流れているさま、ようす、すがた、かたち、状態、現象を見るのです。私たちの目が見ることのできるのはものがあることとして現象しているところを見ているわけです。

人間を見るといえば、その人間のようす、すがた、ありさま、状態、現象を見ているのです。

〈こと〉をはなれて〈もの〉を見るわけにはいかないのです。人間をわかるためには、認識するためには、まず人間のようす(現象)を見ることです。現象をとらえることで、その現象からその人間という〈もの〉を知る、わかる、認識するのです。

私たちは目、鼻、舌、耳、肌……という感覚器官で〈もの〉の現象をとらえています。いわゆる五感でとらえることのできるものが現象です。五感でしか現象をとらえることはできないのです。

〈もの〉は触ってみるか、なめてみるか……とにかく五感でとらえる以外にはありません。現象を五感でとらえて、私たちは、その〈もの〉の本質が何であるか、あれこれの〈考え方〉を使ってとらえ、わかっていくのです。認識していくのです。

物語や小説のなかの人物というものをわかる（認識する）ためには、まず、人物の〈ようす〉（姿、形、身なり、顔つき、表情、言っていること、していること……）を見ます。そのことから、私たちは、その人物がどんな人物であるかを考えることもできるのです。

生身の人間をわかるためにも（認識するためにも）まず、その人間の〈ようす〉を見ることです。〈こと〉を見るといってもいいでしょう。〈もの〉を見るとは〈こと〉を見る以外にないのですから。〈ようす〉を見ることでその人物を〈わかる〉ことになるのです。

ところで〈みる〉ということばを使ってきましたが、これは目で見るというだけではありません。耳で聞いてみる、舌で味わってみる……という〈みる〉なのです。ただ人間が外界の〈ものごと〉を認識するときに、目で見るということがもっとも基本的な重要なことなので〈見る〉ということばを〈みる〉の代表として使っているのです。

5　どんな見方・考え方があるか

教師は子どもの見方・考え方を育てるとよく言います。そこで、私は、「では、どんな見方・考え方を育てるのか」とたずねてみます。そもそも見方・考え方というけれど、見方・考え方にはどんなものが、どのくらいあるのかさえたいていの人は知らないのです。

たとえば小学校段階の子どもに育てたい〈ものの見方・考え方〉（認識の方法）がいくつぐらいあるのかさえ知らないのです。どんな〈見方・考え方〉があるのか、いくつぐらいあるのか、まず一年生では、そのなかのどういう〈見方・考え方〉から教えていけばいいのか、だれもちゃんと答えることはできないのです。

あなたも小学校から大学まで十数年も学んできて、いつ、どこで、どんなふうに〈ものの見方・考え方〉（認識の方法）を教えられたか記憶にないでしょう。つまり、教えられていないからです。

教師になって、子どもの〈ものの見方・考え方〉を育てると口ではいいながら、どんな〈見方・考え方〉をいつ、どんなふうに教えたらいいか、まったくわからないでいるのです。

6　認識の方法と認識の内容

理科は、自然とは何か、自然というものの本質、そしてそこを支配している法則をわからせます（認識させます）。また、そのわかり方（認識の方法）を教え、学ばせることでわかり方もわからせます。認識の方法を学び、

認識の方法を使って認識したこと——わかったこと——を認識の内容といいます。

> 人間（認識の主体）
> ←（認識の方法）（認識の経過）
> 自然（認識の客体・対象）

自然科学は実験・観察のなかでしかるべき認識方法を用いて自然の本質・法則を認識していきます。

たとえば生物とは何ぞや——生物の本質——を認識するために、科学者はさまざまな実験・観察の方法を使って迫っていきます。そして生物というもの（認識の対象）について、生物とはこういうものだ（本質）ということがわかり、生物界を支配している一つの法則をみつけたとします。それは、

わかったこと（認識の内容）です。

> 認識の方法
> 認識の内容　）認識の力

認識の方法（わかり方）と認識の内容（わかったこと）の二つを学んだことがわかる力（認識の力）になるのです。

理科で実験をするのは、文章や口で教えるより実地に実験したほうがおもしろくてわかりやすいからというだけの理由ではありません。肝心なことは、実験のなかで具体的に認識の方法（わかり方）そのものを学ばせ、わかり方をわからせることでわかる力（認識の力）を育てたいからです。

社会科はどうでしょう。社会・歴史とは何ぞや――社会・歴史の本質――その法則をわからせ、また、わかる力を育てるのが目的であるはずです。社会・歴史認識の力を育てるのが社会科の目的です。そのためにはやはり社会・歴史認識の方法を教え学ばせることをぬきにできないのです。

ところが、最も肝心な人間自身を認識する方法（つまり人間のわかり方）を学ばせる教科は公教育の中にない。たとえば、小学校は八教科ありますが、その中に人間のわかり方を教える教科はないのです。

とはいっても、国語科で文芸教材を教えるとすれば、当然国語科で人間認識の力を育てるべきです。なぜなら、文芸は人間を描くものだからです。文芸は人間の喜び、悲しみ、また、しあわせとは何か……といった人間の問題を考えさせるものだからです。

つまり、国語科ではどんなものの見方・考え方――わかり方――を教え、何についてどんなことをわからせるのか。そのことでどんな力を育てるのか――それが国語科教育の目的です。もちろん、一年では、二年では、……そして五、六年では、中学では……と発達段階に即して、どのような認識の方法をどのように教え学ばせていくのか、という系統指導についても考えることになります。

また、国語科には説明文・文芸・言語文法・作文・読書……など、さまざまな領域がありますが、それらをどのように関連づけながら系統化していくのか、いろいろと重要な問題があります。

〈ものの見方・考え方〉についての西郷の主張を、おおまかに理解していただけたと思いますが、詳しく語った講演速記がありますので次に引用します。

文芸研の第22回京都大会の西郷による基調提案です。(一九八七年八月七日／京都会館)

人間観・世界観を育てる国語教育

1　人間は世界の中で生きている

◆人間を理解する

人間というものをどう分からせるか。このことはこれまでにも授業で取り上げられているようですが、世界とは何ぞや、世界というものをどう見るか、どう見なくてはいけないかという、世界像・世界観については、国語の授業の中で、ほとんど考えられていないのではないか。では、今、なぜ世界観か、というのが今日の私の話の骨子です。そして、この集会の中で、皆さんに問題意識としてもって頂きたいのです。

さて、一言で「世界」と言っても見る人によって、「世界」の見方はさまざまです。いろいろな見方があります。しかし、私は子どもたちに「世界とはこういうものだよ」ということを教えたい。それを今日は話したいのです。

人間というものは、真空地帯に生きているものではない。まさに、世界の中で生きている。そうすると、人間そのものを追求するためにも、人間をとらえるためにも、人間が生きているこの世界というものがどういうものであるかということが分かって、その世界の中で人間がどういうふうに生き続けていくか、あるいは、人間がその世界をどう変えていくのか、逆にいうと、世界の中で人間はどうつくられていくのか、変えられていくのかという、人間と世界との関係を考えてみる必要がある。世界というものを抜きにして、人間とはこうだということを言ってみても、それは一面的である。やはり、人間というものを本当に分かるためにも、「世界」とは何なのか、そして、人間はその世界の中にどういうふうに生きているのかということが大事になると思います。

世界観といっても、その一部には、自然観というものがあります。自然というものをどう見るか、というのも世界観のひとつです。三日目の伊藤和明先生の「いま自然が危ない」という講演のテーマも、自然そのものを大事にするということは、人間そのものの生き方にかかっている、人類の未来にかかっている、という立場から話して頂けると思います。自然をどう見るかということは、世界をどう見るかということと同じなのです。また、自然をどう見るかということは、世の中・社会をどう見るかということとかかわってくる。自然をどう見るかということが、そっくりそのまま人間を見るということにかかわってくる。

◆自然とは何か

そこで、まず、自然の見方というか、自然とはどういうものか、ということから話を進めていきます。

国語科教育というものは、学校教育の一教科です。小・中学校でいいますと主要教科ということになっている、算数とか理科、社会科やいろいろな教科の中のひとつとしてある。ところが、各教科が今はばらばらになっている。理科の授業がすんだ、今度は、国語だといっても、理科と国語と全くつながりがない。まるっきり別のことをやる、というふうになっている。理科も国語も社会科も全部ばらばらで、八教科がただ並んでいる。時間割としてあるというだけです。それらが、一丸となって子どもたちの人間観・世界観をつくるんだということにはなっていない。

私たちは各教科の関連というものを考えていかなくてはいけない。その関連の中で、改めて国語科とは何かということ、国語科の独自性も明らかになるのです。国語科の中だけで考えていっても、本当には「国語」というものは分からない。他の教科との関連の中で、人間観や世界観をつくるんだ、人間観を変える・世界観を変えるという目的のもとに各教科というものを改めて見直したときに、そこに密接なつながりがある、その中で国語科の果たすべき役割もはっきりしてくる、ということになるのです。

そういうこともあって本集会では、「人間観・世界観を育てる国語教育」というテーマで、同時にその裏側に各教科との関連ということを前提として人間観・世界観というものを育てる、そこで国語科の担う独自な役割とは何かということが問題になる――そういう集会なのです。

2　関連・系統指導で確かな自然観を

◆理科教育のどこが問題か

最近、ある必要があって小学校高学年の理科の教科書を見て、おどろきました。（啓林館『新訂・理科6年上』）花の「受粉」ということについて述べられてある単元です。「カボチャの受粉」を例にとって、

〈めしべについている花粉は、おしべから運ばれたものである。めしべの先に花粉がつくことを受粉という。〉とあり、〈花粉は、どのようにして、おしべからめしべへと運ばれるのだろう〉と問いかけ、次のように説明しているのです。

〈カボチャの花粉は、花に来る虫によって運ばれる。カボチャのほかにも、いろいろな花が、こん虫のなかだちで受粉する。〉

説明そのものは、そのとおりで、別にまちがいというわけではありません。

しかし、「受粉」ということを教えるのに、これでは一面的ではないでしょうか。

昆虫は蜜を求め、花粉を求めて花にやってくるのです。そして、その恩恵のいわば「見返り」として花粉を運んでやっているのです。（と擬人化してはいけないとお叱りを受けそうですが、話をわかりやすくするために、あえて擬人化して語ることにします。）

虫⇄花（相関的認識）　　虫→花（一面的認識）

この両者のあいだには、相互依存、相互互恵の関係がなりたっているのです。このような関係を相関関係と名づけています。

諺に〈世の中は、もちつ、もたれつ〉とあります。この互いに支え・支えられる関係、求め・求められる関係、

与え・与えられる……といった相関関係は、ひとり花と虫のあいだだけのことではありません。広く自然界を見わたして、また人間社会をながめて、いくらでも発見することができます。

ついでに、私は、他の理科の教科書も調べてみました。

花粉の運ばれ方という項に、〈花粉は、どのようにしてめしべの先につくのだろうか。〉と問いかけがあって、〈虫のからだがおしべの先にふれると、花粉がつく。花粉のついた虫のからだがめしべの先にふれると、花粉がめしべの先につく。〉と説明されています。（風媒花などの例もあげてあるが、ここでは省略）たしかに、これらの教科書の述べている事実は正確です。まちがいはありません。しかし、これは、ただ正確な科学的知識を断片的に与えるものといえないでしょうか。六年生にもなって、花と虫の相関的な関係が理解できないはずはないのです。それとも、虫が花に来るのは蜜や花粉を求めているのだということは、先刻承知の自明のこととして省略したということなのでしょうか。

かりに、このような事実はほとんど子どもが学ばなくとも知っているとしても、私は、あえて、花と虫の共生の姿をはっきりと認識させるべきであろうと思うのです。これは生物学の観点からいっても、ひいては人間教育の観点からいっても大事なことだと考えます。私は、これらの理科の教科書がなぜこのような一面的な科学知識のコマギレのよせあつめのようなものになっているのかが不思議な気持ちさえします。（大日本図書『たのしい理科6年上』）

そこで、『学習指導要領』（小学校・理科篇、一九七七年版）を試みに調べてみたのです。第六学年の〈1目標〉と〈2内容〉の「生物」に関する部分を次に引用します。

1　目標

(1)　植物の成長や繁殖及び人体について調べ、生物は互いに影響し合って成長したり繁殖したりしていること及び人体のつくりやはたらきを理解させるとともに、生物と環境の相互関係について関心を深め、生命を尊重する態度を育てる。

(2)・(3)は略

2 内容

A 生物とその環境

(1) 植物が繁茂しているところの様子を調べ、植物が互いに影響を与えながら成長していることを理解させる。

ア 密生している植物の一部が取り除かれると、日当たりなどが変わり、植物の成長の様子が変わってくること。

イ 植物が繁茂しているところでは、内側と外側とで、日当たり、温度などが違い植物の様子にも違いがあること。

(2) 花から実ができるときの様子を調べ、受粉と結実との関係を理解させる。

ア 花粉が柱頭につくと、結実し種子ができること。

イ 受粉には、虫、風などが関係していること。

(3) 人の呼吸、消化などを調べ、体のおよそのつくりやはたらきを理解させる。

ア 人体は、骨によって支えられ、それについた筋肉のはたらきで体を動かすことができること。

イ 運動によって、呼吸、脈拍などの様子が変化すること。

ウ 人は、肺で酸素を取り入れ二酸化炭素を出すこと。

エ 食べ物は、歯でかみ砕かれ、だ液などのはたらきで変化し、消化管の中を通り、養分として吸収されたり排出されたりすること。

オ　血液は、心臓のはたらきで体内を巡り、養分、酸素、二酸化炭素などを運んでいること。

〈目標〉のところに〈生物は互いに影響し合って成長したり繁殖したりしている〉とあります。まさに、そのとおりなのです。

ところが、〈内容〉を具体的にみますと、〈植物は互いに影響を与えながら成長していることを理解させる〉とあって、いつのまにか〈生物〉が〈植物〉というふうにせまく限定されているのです。だからでしょうか。〈受粉〉の項になると、〈受粉と結実の関係を理解させる〉と、いっそう狭く限定され、「花と虫」の相関関係はタナあげされてしまっているのです。

〈ア　花粉が柱頭につくと、結実し種子ができること。〉と〈受粉には、虫、風などが関係していること。〉という点にのみ焦点があてられてくるのです。

せっかく〈目標〉に〈生物は互いに影響し合って成長したり繁殖したりしていること〉を〈理解させる〉とあっても、これでは、〈内容〉が〈目標〉をうらぎっているではありませんか。

『学習指導要領』が右のようなありさまですから、それに準拠する教科書が先ほど見たようなお粗末なものになるのは当然かもしれません。

いや、しかし、たとえ『要領』があのようなぶざまなものであるとしても、教科書の編者の思想がしっかりしておれば、あのように単なる断片的な「科学知識」のつめこみ的なものにはならないはずであると思います。

その一つの例として、私は、東京書籍『新しい理科6年上』をあげたいと思います。他の単元はいざしらず、すくなくとも「受粉」の単元は次のように花と虫の相関的な関係をはっきりと記述しています。

〈3　受粉のしかた〉とあって、

〈ヘチマやカボチャのように、花がお花とめ花とに分かれているものは、どのようにして、お花にあるおしべの花粉が、め花のあるめしべの先について受粉するのだろうか。また、アサガオのように、一つの花におしべとめしべがあるものは、どのようにして受粉するのだろうか〉と問いかけ、〈虫は、花から花へととび回りながら、花のみつをすう。また、花粉をよう虫の食べ物として、すに持ち帰る。虫がこのように、花の間をとび回っているうちに、虫のからだについた花粉が、めしべについて受粉がおこなわれる〉と説明しています。

　簡潔にして要を得ています。なによりも花と虫の相関的なありようを明確に記述しています。せめて、この程度でいい、他の教科書の編者も〈生物は相互に影響し合って成長したり繁殖したりしていること〉を〈理解させる〉という『要領』の〈目標〉を具体化してもらいたいものです。

　ところで植物と動物の相関的な関係は、あらゆる面においてみることができるということは前にも述べました。植物が光合成によって炭水化物をつくりだし、動物はそれを栄養として生きること。また、光合成において、植物は二酸化炭素を吸って酸素をはくこと。動物は呼吸において、その酸素を吸って、二酸化炭素をはくこと。つまり、その面にかぎってみても、もちつ、もたれつの相互依存の相関関係があることは周知のところです。

　にもかかわらず、小学校の理科の教科書をみますと光合成の単元では酸素をはくことは省略され、人体の呼吸の単元では人間のはいた二酸化炭素が植物の光合成に役立っていることについては、まったく触れられていないのです。

動物
← 二酸化炭素　　酸素 →
植物
（相関的関係）

アレはアレ、コレはコレ。というのが今の理科の教科書の本質だといえないでしょうか。

アレとコレが相互に密接な不可分な相関的な関係にあることの認識が、もっとも肝心な自然観、ひいては世界観の基礎なのです。このもっとも重要な世界観を育てることをヌキにした理科の教科書のあり方を私は声を大にして批判したいのです。

コマギレの理科的な知識のつめこみ――それは物知りをつくるだけのことです。知識・技術の習得のみをめざして、思想の形成をタナあげしているところに権力というものの本質があります。

明治時代の「富国強兵」の国策以来、わが国の政府は、兵士と労働者に知識と技術のみを与えるための義務教育を行ってきました。かれらのめざすものは思想のないロボットをつくるだけの教育なのです。

私は理科においても、国語においても、いや他のすべての教科、また生活指導の面においても、子どもの世界観を育てることを主張します。これらの教科はひとつのものとして関連して、正しい世界観を育てることをめざすべきです。

文芸研では、小学校高学年以上になれば、ものごと（人間や世界）を〈相関〉的、また〈関連〉的にみる、考える、表すという力を育てることを課題に設定しています。〈相関〉的なものの見方・考え方・表し方とは、すでに花と虫のところ、植物と動物のところで述べたような認識の仕方（方法）のことです。もちろん、算数でも、社会科でも〈相関〉的な見方・考え方を学ばせる必要があります。

「いま自然が危ない」ということがいわれますが、それは、「いま人間が危ない」ということでもあると思います。自然が危ないというのは、例えば、アマゾンの森の木がどんどん切られていきます。ランドサットから見ると、あちこちが欠けています。見るも無残な姿になっています。ただ、利益の追求のために、人間は己の墓穴を掘るようなことをしている。それを、ちっともおかしくない、何とも感じないというのは、日本の明治以後の学校教育がこういうお粗末な理科教育をしてきたからなのです。今の大人たちは、その恐ろしさが全然分からないのです。しっぺがえしがくることを、全然認識していない。これは、学校教育にとって重大な問題です。これからの子どもたちに、今の大人たちのような見方・考え方をさせてはいけない。そのためには、こんな教え方をしてはいけないのです。

人間・動物が呼吸によって、不用なものとしてはきだした二酸化炭素。これが増えていけば、動物たちは生きていけなくなる。幸い、植物が二酸化炭素を吸ってくれる。二酸化炭素がふえることをセーブしてくれる。そして、植物は、動物のおかげで光合成をして生きていけるわけです。そして、また動物は、その植物の葉を食い、茎を食い、実を食って生きていけるわけです。また、動物の死骸を解体・分解したものを栄養として生きていく。実に、みごとです。巡り巡って、共に生きていくというのが、自然というものの摂理である。そのことを、驚きをもって子どもに見せてやるべきです。自然というものに、ひざまずきたくなるような、敬虔な思いで自然を見るような人間に育てたいと思うのです。

これは、何も自然の問題だけではない。人間の関係にしても同じことです。相関的にみると、共に生きるという見方でものごとを見るということ。ただ、関係を見るだけではない。相関関係を、きちんととらえるということが大事なのです。

◆文芸研の関連・系統指導案

いま、私どもは次頁の表にもとづいて系統指導をすすめています。簡単な表のように見えますが、この表がつくられるまでには、少なく見積もっても十数年かけているのです。なんでこんな簡単な表に、十数年もかかったのかという方がいるかもしれませんが、話せば涙ぐましい長い話があるのですが、ここでは省きます。（後注・この表はのちに若干修正されます。）

ものの見方・考え方、つまり認識の方法ですが、その認識の方法の中に小学校で教えたい、そして、小学生ならば学ぶということができる認識の方法を、十くらい大きな柱としてあげてあります。そして、六年生の段階に、ものごとを相関的に見る見方・考え方ということがありますが、その相関的ということが、今まさにここで

【学ばせたいものの見方・考え方――関連・系統指導案】
（小学校の中心課題）

低 ←→
中 ←→
高 ←→

0　観点　目的意識・問題意識・価値意識
　真・偽　ほんと―うそ
　善・悪　いいこと―わるいこと
　美・醜　きれい―きたない
　有用・無用　やくにたつ―やくにたたない
1　比較　分析・総合
　類似性―類比（反復）
　相違性―対比
2　順序　過程・展開・変化・発展
　時間・空間・因果・心情・思考・論理・意味
3　理由・根拠・原因
　事象―感想・意見
4　類別（分類・区別・特徴）
　特殊・具体＝一般・普遍
　全体と部分
5　条件・仮定・予想
6　構造・関係・機能・還元
7　選択（効果・工夫）・変換
8　仮説・模式
9　関連・相関（連環）・類推

（西郷試案）

話してきたようなことなのですね。

◆レンゲとミツバチ―相互依存の関係

以前は、田植えといえばどこの田にも、レンゲ（紫雲英）の花が美しく咲いていたものでした。

レンゲというのは中国原産の植物で、明治時代から田の肥料として、稲を刈ったあとの田に種をまいたものです。

レンゲを抜いてみると、根に小さな丸い粒がたくさんついています。この粒の中には、根粒バクテリアという細菌が寄生していて、大量の窒素化合物がたくわえられています。植物は空気中の窒素を直接にとり入れることができませんから、根粒バクテリアが空気中の窒素を固定したものを、根から栄養素として吸収し、それを利用できる窒素化合物に変えているのです。

そこで、レンゲの花が咲いたあと、水を入れる前に、田をたがやすと、よい肥料になるのです。最近は化学肥料を使うため、レンゲを肥料として使うことがなくなり、一面のレンゲ畑を見ることができなくなりました。(もっとも、かつて田から逃げだしたレンゲが、あぜや田の周りに生育しているところがいくらかは見られます。)

レンゲの花が咲くのは、関東地方では四月中旬から下旬にかけてです。私どもの少年時代は、レンゲの花つみをしたり、花の蜜を吸ったり、レンゲの花で花輪をこしらえたりして遊んだものです。なつかしい思い出の一つになっています。

さて、レンゲの咲いているところに出会ったら、しばらく観察してみてください。晴れて、風のない日なら、ミツバチのぶんぶんという羽音が聞こえるはずです。ミツバチの足に黄色い丸い粒がついているのがわかるでしょう。これがレンゲの花粉です。レンゲにこんなにたくさん花粉があるなんて、ちょっと見ただけではわかりません。ミツバチが花粉を集めるようすをじっくり見てみましょう。

真横から見ていると、ミツバチがとまると、レンゲの花の下の花びらが、ミツバチの体重で下がるのがわかります。

上から見ていては見えませんが、横から見ると、ミツバチがレンゲにとまっているとき、腹の下におしべがちらっと見えます。マッチ棒か何かで下側の花びらをそっと押し下げてみましょう。花びらはちょうど、蝶番のようになっていて、ぱちんと開きます。花びらでつつみこまれていたおしべやめしべがあらわれてきます。

ミツバチの重みで花びらが押し下げられると、おしべの先があらわれ、しかも先は上を向いているので、ミツバチがとまると、花粉がミツバチの腹と足にさわるようになっているのです。

レンゲの花は、花びらでおしべ、めしべをつつんでかくし、蜜をぬすみにくるほかの虫たちからまもっていますが、ミツバチのような虫には、花びらを開いて、内にまねき入れているのです。

チョウもいろいろな種類がレンゲをおとずれてきますが、蜜だけ吸ってしまうチョウはレンゲにとってはありがたくない虫です。レンゲはおしべもめしべも外に出ていないので、ミツバチのように花のおくにもぐりこむ虫しかレンゲの受粉を助けることができないのです。

ところがミツバチの方は、レンゲの蜜を集めるだけでなく、花粉も集めているのです。巣にはこんで幼虫の栄養分とするのです。

ミツバチの体は、花粉集めにとても都合よくできています。後ろ足には平たい部分があって、まわりにはたくさんの毛がはえています。ちょうど篭のようになっていて、ここに花粉をためるので〈花粉かご〉と呼ばれています。体中についた花粉を、六本の足で集め足をこすりあわせて、後ろ足に送り、〈花粉だんご〉をつくります。さらに詳しく観察すると、花にとまる前に、ミツバチは、口をのばし、前足でしごいています。これは足を湿らせて、花粉がつきやすくするための動作なのでしょう。

レンゲとミツバチは相互依存関係にあるといいます。共生ともいいます。レンゲはミツバチに蜜や花粉を与えるかわりに、受粉してもらいます。ミツバチが花にとまったとき、ミツバチの体についてきたほかのレンゲの花粉がめしべについて受粉します。もちろん、ヒゲナガハナバチをはじめとする他のハチも花粉媒介者となりますが、数が多く、集蜜力の強いミツバチがいなければ、田んぼのたくさんあるレンゲをすべて受粉させるのはむずかしいでしょう。（以上海野和男著『虫の観察学―インセクト・ウォッチング』講談社刊の〈昆虫と植物〉の項を参照しました。）

◆相関的にものごとを見る・考える

子どもの「ものの見方・考え方」（認識方法）を系統的に発達段階に即して育てていくということを私どもは主張し、研究・実践をかさねてきました。

〈比較する〉ということからはじまって、ものごとを変化・発展するものとして〈過程〉的に見る、そして、高学年になれば、ものごとを〈相関〉的に見る、〈関連〉づけて見るという見方・考え方にまで高める――ということを関連・系統指導として確立してきました。

〈関連〉というのは、この認識方法（ものの見方・考え方）を国語科だけでなく、理科や社会科、算数その他の教科にも横につなげて同時にすすめていくということなのです。

高学年になれば、文芸教材で人間や世の中というものを相関的に見る見方・考え方を育てるという指導を行います。また、理科でも、たとえば昆虫と植物（花）の関係を相関的なものとして見る見方・考え方を学ばせたいと考えます。ところがわが国の理科教科書は、虫と花の関係を一方的なものとしてしか記述していないのです。つまり、私の調べた理科教科書は一社を除いて他はすべて、花が虫から花粉をはこんでもらうという一方的な関係としてだけ記述しているのです。

花と虫（一般的にいえば植物と動物）は、相互依存の関係をもっています。相関的なものの見方・考え方を育てるために、花と虫という題材はきわめて典型的な良い教材たりうるのです。にもかかわらず、わが国の理科教科書は、前述したように一方的な関係として教えるのです。一面的なものの見方・考え方をさせているのです。

私は、五年生の子どものクラスで先ほど述べたレンゲとミツバチの相互依存の関係を話して聞かせましたが、そのときの子どもたちの感動の深さに、逆に私のほうが驚かされるほどでした。相関的にものを見る・考えるということによって花と虫の本質が見えてくることに子どもたちは驚き、また感動したのでした。

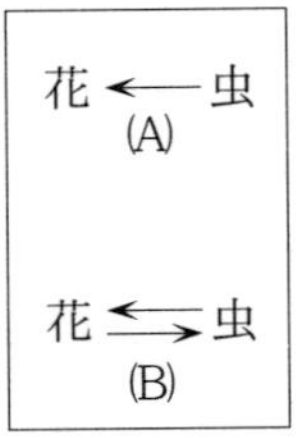

A図は、わが国の理科教科書のものの見方・考え方、B図は相関的なものの見方・考え方を文図化したものです。

◆花とハチの相互進化―条件と過程

ところでレンゲとミツバチのあの相互依存の関係は、今日あるような形で大昔からあったのではありません。ずっと大昔は、今のようなカラフルで美しい花はなかったのです。現在、花と昆虫はきってもきれない関係にあります。昆虫は花から蜜や花粉をもらい、花は昆虫の助けで受粉し、結実させます。昆虫の歴史はたいへん古く、三億五〇〇〇万年前にさかのぼることができますが、今のような昆虫と花との相互依存関係（相関関係）ができたのは、昆虫をひきつける美しい花が出現した数百万年前からのことです。このことから考えれば、昆虫、とくにチョウやハチなど花に依存しているものが、現在のように多様化したのは、比較的最近のことと考えられています。

つまり、花とハチは、相互に関係しあいながら、ともに、それぞれに進化してきたと思われます。（実際に、ある特定のハチがいなければ受粉できない花すらあるのです。）前に述べたとおり、レンゲの花はミツバチなどの中形のハナバチがいてはじめて効果的に受粉できるのです。

長い年月のあいだに、レンゲとミツバチはお互いに相手に条件づけられながら、ともに変化・発展（進化）してきて、現在見るような構造・関係・形態・機能をもったものになっているのです。はじめからミツバチの後足二本は平べったく〈花粉かご〉のようなものであったわけではないのです。〈花粉かご〉のようなものへと進化してきたのです。レンゲのほうも、特定の中形のハナバチのみを対象として花びらを開くような構造・形態・機能をもつようになったのです。

レンゲとミツバチの構造（形態）・関係・機能を見るとき、考えるとき、お互いに相手に条件づけられながら、相関的に、変化・発展してきたのだという過程的な見方・考え方（進化論の考え方）をすべきなのです。

いま、ここに挙げた、〈構造（形態）・関係・機能〉も〈条件〉も〈過程〉も〈相関〉も小学校段階でぜひとも身につけさせたい認識の方法（ものの見方・考え方）の一つなのです。ミツバチの、たとえば後足二本の平べったい形態・構造・機能を見て考えるとき、レンゲの花の形態・構造・機能との相関的なものの見方・考え方をしないわけにはいきません。レンゲの花やミツバチをきりはなしてバラバラに各個に見、考えるということは、きわめて浅い、まちがった認識しか与えないでしょう。

相関的に自然を見る、また社会を見るということはきわめて重要な認識方法であることを理解していただけたと思います。しかも、この花と虫の相関関係を固定したものとしてではなく、自然の悠久な歴史のなかで進化してきたものとして、過程的に見る見方・考え方（進化論）を忘れてはならないのです。

そのばあい、それぞれの生物の種を他の種と切りはなして個別に進化するものとしてみることがいかにナンセンスであるかを銘記してほしいのです。お互いに花と虫は相手によって条件づけられ、また相手を条件づけながら共に変化・発展してきたことも落としてはならない観点の一つです。

◆共に生きる

このミツバチとレンゲの関係も、はじめから、ミツバチは、平べったい足があったわけではない。はじめから、レンゲがこういうふうになっていたわけではない。

ミツバチとレンゲの出会いは、最初ぎこちない、おそまつな出会いだった——と、思うのです。はじめは、何もないんですよ、平べったい足もね。人間は、手を平べったくできないから、篭を編んでいく。ところが、ミツバチは、自分の足を平べったくしてしまう。また、レンゲも、ミツバチの体重に合わせて、口をあけるようになる。だから、ミツバチぐらいの重さの虫は、開けてもらえるんでしょうね、便乗です（笑）。どこにでも、こういうのはいるものです。自然って、おもしろいものですね。私は、自然を見ていると、全部ひとつひとつが人間に見えてきてしょうがないんです。（笑）

相手との関係で、相手を条件づけると言いますか、相手によって条件づけられると言いますか、こうやって今日のミツバチとレンゲの関係ができあがった。変わってきたんですね。すべて、世界というのは変化する。変化発展する。これを、生物学の方では「共進化」という。地球も進化する。昆虫も、花も、人間も……。

3　世界を変化・発展するものとしてとらえる

◆進化のこと

あの北斗七星は、今は北斗七星という名前がついていますが、何百万年、いや何十億年もたつと、すっかり星の位置がかわってしまって北斗七星のことを「何でこんな名前をつけたんだろう」と思うでしょうね。

それから、今は一日は二四時間。一年は三六五日と信じて疑わないですが、これだって大昔はそうじゃなかった。メモしてきていませんが、昔は一年は二〇〇日だった。つまり、三六五日ではなかった（笑）。なんで、何億年も前のことがわかるか。貝の化石を調べると、縞がある。あの細い線を調べると、一年の四季の変化が、まさに記録されているというんですね。貝殻を調べると、ちゃんとわかる。もちろん現在の貝殻は、三六五日の周期で縞模様ができている。だから、今から何億年も後の科学者が、今の貝殻を見つけると「ああ、一九八〇年代の時は一年は三六五日か、今は四〇五日だけど。」と、こういうことになるのですね。つまり、地球が自転する速さがだんだん変わってくる。地球が公転する速さが変わってくる。

このように、宇宙だって、地球だって、一年が三六五日ということだって、一日が二四時間ということだって、すべてが変わってきた。これからも変わるということです。これが、大事なのです。まあ見ててごらんなさい。自民党のお偉方はいつまでも、自民党の天下だと思っている。冗談じゃない。人の世の栄枯盛衰というものは、最も激しいのです、この地球の歴史の変化の中ではね。まあ、長いようですが四六億年の歴史の中では、そんなものはほんのちょっとの間です、自民党の天下が続くなんてね。まあ、ここで拍手くらいしてくださいよ（笑、拍手）。

ぼくがなぜ自民党に怒りを感じるかというと、先ほど言ったようなぶざまな理科教育をするようにしている張本人だからです。

植物や動物をただの花や虫のことだと思ってはいけません。花と虫でさえこうなんだ。まして人間は共に生きる共生をしなくてはいけないというふうに教えなくてはいけません。大工は百姓のために家を作る。その百姓は大工のために米を作る。漁師は魚をとる。その漁師のために、また誰かが糸をつむいで、着物を織ったりしてくれる。そのようにして、お互いに生き合う関係が人間社会なのです。これが、社会科の基本なのです。そして、世の中が変わるということも社会科の基本なのです。いや、変わるのではなく変えていくことが社会科の基本なのです。

江戸時代をみてみると、お互いに助け合い、協力し合いながら生きていっています。その中でたったひとり何の役にもたたないものがあります。それが「武士」です。幸福になるために、百姓は米や野菜を作り、大工は家を作っています。武士だけが人の作ったものを収奪してあぐらをかいて生きている。これが封建社会なのです。そういうふうに教えればいいのです。そんなよけいなものはいらない。そんなものはなくしていく、というふうに教えればいいのです。

ということは、ものごとを相関的にみるという見方・考え方ができると、それだけ自然をみる見方も、人間をみる見方も、社会をみる見方も全部変わってくる。単純に、一方的に、機械的に、図式的にみないということです。ダイナミックに動いていく、進化発展、変化していくものとしてみるのです。ものも変わるし、関係も変わる。しかも、すべてがひびき合って、網の目のようにつながり合って生きているというように教えていくべきではないかと思います。

◆もちつもたれつ

教師と子どもの関係だってそうです。教師はただ一方的に子どもに教えてやるのだ、子どもを教え育てるのだというふうにしか考えられないとしたら、それはまさに、一面的なものの見方・考え方でしかないと思います。まちがいではないが、深い認識とはいえない。教えることが、そのまま逆に子どもから教えられることにもなる。教えることの中で教師は自分を人間として成長させ、育っていく。こういうふうにみることができるかできないかによって、相関的にものの見方・考え方ができるかどうかということになるのです。

親と子どもの間でもそうです。不肖の子どもに感謝しなくてはいけない。不肖の子であればあるほどいろいろと考えます。親がくだらないとまた子どもは子どもで考えていきます。こんなくだらない親にはなりたくないと考えていきます。親子の関係もお互いに「もちつもたれつ」です。

今までの話をまとめてみますと、自然も社会もうまく手をにぎり合って、めでたし、めでたしといくように思いますけど、そうではない。その中に「矛盾」というものがひき起こされる。矛盾がひき起こされるから、更にもう一つそれを作り変えていく働きがあって、よりよいものに発展していくのです。発展するということは常に矛盾をはらんでいるということになるのです。矛盾について考える前に相関的にものを見る見方・考え方ぐらいまではみなさんも子どもたちも考えられるようにしておいてほしい。

こういうふうに考えてみると、今の理科の教科書はおそまつというか、腹が立ちます。なぜそんな理科の教育をするのか、国語の教育もそうですが、今の場合は文部省の学習指導要領とそれに準拠した教科書のあり方を言っているのです。そこで、民間教育団体が何をしなければならないか、何をしているかということが大切になってくるわけです。

◆条件的にものをみる

まとめてみますと、世界というのは自然というのはこういうものだという見方・考え方、いわゆる世界観・人間観を育てていく必要がある。相関的にものを見、考えていくことができると、社会の時間でも国語の時間、算数の時間でも、そういう考え方ができるようになる。例えば、数学の「関数」というのはまさに「相関」という考え方です。また、世の中めぐりめぐってという言い方がありますが、そのめぐりめぐってというのは、相関関係がずっとつながりつながって、一つの「連環」という構造をもっているということです。

相関・連環というのは高学年の課題として私たちは位置づけていますが、低学年では比較・順序、理由を、中学年では類別・構造・条件的にものをみる見方を教えていくことになります。中学年になると条件的にものごとをみるという見方を育てていかなくてはいけない。条件的にものをみる力というのは中学年の課題です。ところが、条件という概念と用語は小学校の教育の中でどこで出てくるかというと、なかなか出てこない。ただ、ある理科の教科書の中にたった一か所出てくる。それは、種子が発芽するときのことを「発芽の条件」ということばを使って説明している。なるほど種子が芽を出すのには何が必要か、何が必要でないか。日光はなくともいいが、水はどうですか。水は必要である。もし仮に水を与えなかったら発芽しないということが、逆に分かります。これを「仮定」といいます。(「もし…ならば」と仮定してものを見る、考えるというのは、条件的にものを見る、考えるということの言ってみれば裏返しになるのです。)適当な温度が必要です。それから、空気が必要です。空気がいるかいらないかを実験するにはたくさんの方法があります。種子もまた呼吸しているのだということを実験を通して想像させることができます。種子が芽を出すための条件を教えているのです。しかし、ほかの教科書では、どこにも条件という言葉自体が出てこないのです。ところで、この教科書は条件という言葉をちゃんと出している、いや条件という考え方を教えようとしているのだなと思ってあとをみると、そのあとはどこにも出てこないのです。

例えば、植物が成長する、生育の条件が問題になってきます。成長するために何が必要か、ここでは、種子は自分で栄養をもっているから、芽を出すところまでは自分でできます。ひとたび芽を出してしまうと、自分の親譲りの栄養はもうないのですから、今度は土の中から、また他のものから栄養をとらなくてはなりません。それから、今度は日光がないと困るのです。光合成しなければならないからです。さらにある条件が必要になってくるわけです。必要にして十分な条件といいますが、そういうふうに書けばいいのに、そこには一言も条件という言葉が使われていないのです。この教科書の編者が気まぐれに「条件」という言葉を種子の発芽の時に使ったのかなと疑いたくなる。ここでは条件という用語を使えるが、こっちでは使えないという考え方をしているのかなと思いますが、それはおかしい。発芽の条件というのは何となく使ってしまったということではなく、意図的に計画的にちゃんとここで条件というものの見方・考え方を教えなくてはいけません。これは、理科教育においても社会科教育においても算数教育においても、もちろん国語教育においても条件というものの見方・考え方はきわめて大事なものであるからです。大事なものであればあるほど、きちんとしたかたちで教えることが必要です。

◆比較する――類比と対比

また、ものの見方・考え方のうちで「比較」、くらべてものを見るという考え方があります。女というものを分かるために男と比べるといちばんよく分かります。どこが同じでどこが違うか。これはものごとを分かる、認識するための基本です。この場合同じところをみることを「類比」、違いをみることを「対比」といいます。ところが、坂本一郎さん（読書指導の研究者）が長年かかって日本の国語の教科書の中にどういう言葉がどういう学年の順序で出てくるかを調べられたのですが、「対比」は出てくるが、「類比」という言葉は使われていないということが分かりました。男という言葉が出てきて、女という言葉が出てこないというようなものです。対比が出たら類比を出すのは当然です。この一つを考えてみても基本的な大事なものの見方・考え方やその用語がいいかげんにされていることが分かります。

そもそも日本の学校教育は明治以後、子どものものの見方・考え方、認識、思想を育てるということを全くたな上げにしてきた。それが理科の教科書にもあらわれているのです。相関という見方・考え方を教えるのではなく、単に断片的な知識を与え、もの知りを育てるためのものだけになっているのです。

それから、いちばん基本になる考え方である類比と対比を一年生で教えるという考え方がない。二つの考え方を同時に教えるという発想がない。条件についても同じです。人間が生きていくためにはどんな条件が必要か、生きるための条件はけっこう考えさせられますね。

◆人間科としての国語科

私は、理科というのは自然の本質や法則をわかる力を育てるということ、社会科というのは社会や歴史の本質や法則をわかる力を育てるということだと思います。その力が育ってこそ、はじめて自然や社会、歴史をより良く変えていくことができるのです。

ところが、一番人間にとって大事な「人間」とは何かということを学ぶ場がない。人間とは何かという人間の本質とか、人間の真実とか、人間にとってのものの価値、例えば、真・善・美というものが分かる力をいったいどこで育てたらいいのか、そういう教科が日本の学校教育、公教育の中にはないのです。道徳教育はあります。昔の修身です。修身というのは、こういうことをしてはいけない、こういうことをしなさいと教える教科です。きまりを教えるのです。法則を教えるのではない。人間というものはどういうものとか、人間と社会の中にはたらいている法則というものを教えるのではない。人間の喜びとは何ぞや悲しみとは何ぞや愛とは幸せとはということを教えるのではない。もちろん人間が集団生活をしていく、社会生活をしていく以上、どうしても一つのきまりというものが必要になってくるのは当然です。どういうきまりなのか、誰が作るかという問題はありますが、きまりが必要なことは当然です。また、そういうきまりというのはある意味では守る必要があります。ただ今の規則や校則なんてものは勝手にどこかで誰かがでっち上げて作って、押しつけている。一方的に与えられた規則でしかない。自分たちで作ったものではない。今の法律だって大部分はそうです。道徳だってそうです。男の立場で勝手に作った道徳で女をがんじがらめにしている。そういう封建制の時代の道徳も今の時代の道徳もまだまだ一方的なのです。どんな時代どんな社会に誰が誰のためにどういう道徳を作ったのか。このことをぬきにして道徳教育というものを考えてはいけないのです。

自然認識の力を育てる理科はあります。社会、歴史の認識を育てる社会科はあります。ところが、人間認識を育てる「人間科」といったふうなものはない。最後に私たちがなぜ人間認識を育てる教科として国語科を考えているかということを具体的にお話したいと思います。

◆国語科で確かなものの見方・考え方を

国語の教科書の中にも優れた文芸教材が多く載るようになりました。また、心ある教師は教科書以外のところから優れた文芸作品を選んで、教室の中へ持ち込んできて、子どもに与えています。

では、いったい文芸の授業は何かということなのですが、文芸というのは人間とは何ぞやということを具体的に血の通った文章で描いているのです。そういう文芸作品を教材として、人間というものを認識する力、人間とはこういうものなのだということを分かる力を育てるというふうに私は考えています。そして、その人間が分かるためには、人間が生きている世界を分かる分かり方、世界観というものを同時に表裏一体にして教える必要があります。文芸の授業の中でも説明文の中でも、もちろん理科や社会科やその他の教科とあいまって育てていくのですが……。しかし、国語科教育こそが、教科としての独自性から、人間というものの見方・考え方を教えることのできる教科なのだということを強く認識していただきたいと思います。

最後に、萩原朔太郎の詩を紹介してまとめにかえます。

　　　　　　　　　　　　　　　　　　　　萩原朔太郎

愛憐詩篇　種

われは手の上に土を盛り
土の上に種をまく
いま白きじょうろもて土に水をそそぎしに、
水はせんせんとふりそそぎ、
土の冷たさはたなごころの上にぞしむ。
ああ、とほく五月の窓をおしひらきて

われは手を日光のほとりにさしのべしが、
さわやかなる風景の中にしあれば、
皮膚はかぐわしくぬくもりきたり、
手のうへの種はいとほしげにも呼吸《いき》づけり。

〈われは手の上に土を盛り〉。手で土をもる、その上に種をまく、種をまなかいで芽を出せといってもだめです。〈いま白きじょうろもて土に水をそそぎしに〉この白きじょうろというところですが、どす黒いじょうろはだめで、やっぱり〈白きじょうろ〉というところが大切です。それも〈せんせんと水をそそぐ〉この〈せんせん〉という音がいいですね。ジャブジャブとかでなく、〈せんせん〉と授業をしてくださいよ（笑）。〈白きじょうろ〉でもって〈せんせん〉と水をそそぐような授業をしてください。気持ちがいいですよ。〈土の冷たさはたなごころの上にぞしむ〉。たなごころ、手のひら、手のこころ、たなごころです。土の冷たさがしみてくると、こっちの心もさわやかになってきます。教師の気持ちもさわやかになってきますね。自分が水をそそいでいるのですが、自分が授業をしているのですが、自分の気持ちもさわやかになってきます。〈ああ、とほく五月の窓をおしひらきて／われは手を日光のほとりにさしのべしが〉。日光も必要なのです。日かげでこそこそやるのではだめです。日光のあたるさわやかな風景の中で教えたい、今ほんとうにさわやかではないですけどね。教育情況、教育条件、教育環境、そういうものを浄化してきれいにしてやらなくてはいけないのです。こういう時に教師も〈かぐわしくぬくもりきたり〉と、教師自身もかぐわしくぬくもっていきたいですね。〈手のうへの種はいとほしげにも呼吸づけり〉。いい詩です。これは教師と子どもの関係、教育のありようをずばりうたっている詩だという気がします。つまり、子どもを育てるということは、己れ自身がぬくもって、そのぬくもりが子どもを育てることになるということです。そのぬくもりが種を育てる、その種に水をやることはそのまま自分のたなごころで水のつめたさを感じとるということになるというこの相関関係、この条件づけられた関係、これを一つ頭の中に入れておいてください。「わたしは今、白きじょうろで水をやっている。せんせんと今、水をやっているところじゃないか」というふうに考えていただきたい。この詩を教室にはって日々暗誦してほしいですね。

これで基調提案を終わります。（拍手）

西郷が、文芸教育や国語教育を軸としながらも、他の教科との関連、さらには現実の生活や社会との関連を意図していることが十分に読み取っていただけたと思います。

西郷は〈ものの見方・考え方〉ということを書名にした本を出しています（明治図書、一九九一年）。

その「序」文を引用します。

前述の講演内容をいわば要約した形の文章になっています。

子どものものの見方・考え方を系統的にどう指導するか

〈ものの見方・考え方〉の〈もの〉というのは、人間というもの、人間をとりまくすべてのもの、あるいは人間がつくりだしたすべてのもの……のことです。

これらの〈もの〉の本質・法則・真理・真実・価値・意味というものをわかるためには、〈わかり方〉つまり認識方法が必要なのです。

〈わかり方〉というのは、その〈もの〉のどこを見たらいいのか、どう見たらいいのか、また、見たことをどう考えたらいいのか、つまり〈見方・考え方〉ということなのです。

〈ものの見方・考え方〉とは、わかりたいもの〈認識対象〉のわかり方〈認識方法〉ということです。そして、わかったことを〈認識内容〉といいます。

認識方法（わかり方＝ものの見方・考え方）と認識内容を学び身につけたとき、それは認識の力となります。

認識方法
認識内容 ＞ 認識の力

国語科で扱う認識の対象は〈ことば・表現〉と〈人間・ものごと〉です。したがって国語科で育てる認識（表現）の力とは次のようになります。

ことば・表現 人間・ものごと	ものの見方・考え方 ⇒ わかり方	本質・法則・真理 真実・価値・意味
（認識対象）——	（認識方法）——	（認識内容）

ところで、戦後になって子どものものの見方・考え方を育てるということがしきりに言われるようになりました。

しかし、では、どんな〈ものの見方・考え方〉（つまりわかり方）がいくつぐらいあるのかと問うても、ほとんど誰も答えることができません。三つぐらいか、十ぐらいか、それとも二十、三十……いや、もっとたくさん……誰も答えることはできません。本書を手にとられたあなたも、おそらく答えられないでしょう。

私どもは十数年かけてこのテーマと取り組み、研究と実践をつみ重ね、最近どうにか九分通りこのことがはっきりしてきました。

だいたい〈ものの見方・考え方〉は、柱をたてると二十ぐらいあります。

小学校段階ではそのうちの基礎的・基本的なものを柱にして十ぐらい教えることができるし、また、教えるべきであると考えます。

また、これら〈見方・考え方〉は、低学年・中学年・高学年と順を追って系統的に指導する必要があります。いわば算数における系統指導のようなものです。

〈ものの見方・考え方〉（認識方法）の系統指導を表にまとめると次のようになります。（前掲表）

認識方法は物語・小説をはじめ説明文、作文、いや、理科や社会科、算数などの教科にとっても応用できることなのです。

そこから他教科との関連という文芸研の主張も具体的に展開されているのです。

ところでここには小学校段階の認識方法を取りあげましたが、これは、中学・高校においてもまずここからはじめていただきたいのです。

もちろん、中学・高校には、さらにこの上の認識方法の指導があります。

一九九〇年一〇月

その後、中学・高校の系統表（試案）もできていますので、左に紹介しておきます。

〈中学・高校〉

◎多面的、多元的、整合的

○多面的・多角的・多元的・総合的

○社会的・歴史的

○巨視的・微視的・複眼的

◎論理的、実証的、仮説的

○論理的―演繹・帰納・類推

○実証的―実践的・検証的
○確率的・統計的
◎主体的、独創的、典型的
○個性的・独創的―（文体）
○主体的―主観と客観の統一
○典型的―個別、特殊と一般・普遍の統一
◎批判的、発展的、弁証的
○自己の相対化
○過程的・発展的
○方法の発見・止揚

人間観・世界観を育てる教育

〈ものの見方・考え方〉（認識方法）を子どもの発達段階に即して教え学ばせるという主張は、人間観・世界観を育てることを目的としているからなのです。

文芸研の大会のたびに、また西郷の著書編書、雑誌の論考においてもくりかえし、このことは力説してきました。そのことの一つの実例として第24回神戸大会（一九八九年）の西郷の基調提案を紹介しておきます。

（前略）

◆人間観・世界観を具体的に子どもたちに

小学校六年間、中学校三年間、高校三年間、考えてみるとわずか十数年ということになるでしょうが、あれやこれや雑多な知識や技術をごたごた持ち込むのではなく、自然というのは、こうだとか、人間とはこうだ、社会とはこうだ、歴史とはこうだという、その一番大事なこと、煮詰めていえば人間観・世界観ということになるわけですけれども、それを具体的に子どもが興味をもつ形で繰り返し指導していくことです。そして、世界の中というのはそういうふうに、もちつもたれつ連れ合ってお互いが生きているのだ。それを乱すもの、それを断ち切るものこそ人間の、人類の敵なのだというふうなことも分かってきます。

というふうに、例えば、この人間観・世界観というものを作っていくということです。私どもは国語科で一番何をねらっているかというと、国語科でも他の教科と同じように、今言いましたように人間とは何ぞや、世界とはどういうものかということを、深く指導したいと願っているわけです。指導の実際面ではいろいろな問題があって思うようにはできない面もありますけれども、少なくとも、私たちが掲げている人間観・世界観を育てるということは、もう揺るぎない、まちがいのないことであろうと信じております。もちろんここは、もっともっと細かいところまで論議を尽くさなければならないところだと思います。

3　民間教育運動の研究成果の上に立って確かな人間観・世界観を

◆法則化運動への徹底批判

最近、私は『法則化批判』（黎明書房）という本を出しました。また、私ども文芸研のメンバーで、『続・法則化批判』『続々・法則化批判』（同上）という本を続けて出しております。なぜ、法則化運動というものに対して徹底的な批判を展開しているのか。このことについて一言お話しておきたいと思います。

三日目に、仮説実験授業の方とか歴教協の方とか、数教協の方とか、私ども文芸研のものとか民間教育研究団体が一堂に会して、シンポジウムをやるわけですけれども、戦後様々な民間教育団体が誕生してもう三十年、四十年の歴史をもっておりますが、これらの民間団体こぞって、どんな人間観、どんな世界観を育てるかという

（そのことばをストレートにそういうことばで旗印にするしないは別として）、そのことをひたすらめざしてやってきたと思います。ただそれがいろいろ紆余曲折があり、偏向があり、誤りがあり、いろんなことを試行錯誤してはきましたが、そのねらうところのものは同じであったと思うのです。そして、そのことは各民間教育研究団体等しく共通のものとしてもってきたと思います。また、これからもそのことは頭において、それぞれの団体がやはり運動を進めていくであろうと思います。

今、そういう状況の中で、まったくそういうことをたな上げにして、そういうことを無視して、ただ教育技術のみを教師に与えよう、あるいは、その教育技術を手に入れて一日一時間のその授業をうまくおもしろくやっていこうと、こういうふうな発想に基づく教育技術の「法則」化運動というものが出発したわけです。もちろん、若い現場の先生方は教育系大学でも理論と方法・技術をちゃんと教わったことがないために、子どもたちの前に立ったときに、この子どもたちをどういうふうに育てたらいいものやら自信をもてない、戸惑ってしまう、なかにはもう教師をやめたいというふうにさえ思う若い教師たちも出てくる。そういう状況の中で、このやり方でやれば子どもがすぐ動くということを言われると、ぱっと飛び付くわけです。その心情は痛いほどわかります。どなたもみな新卒の時、子どもの前に立って自信を失うということがあったと思います。ワイワイさわいでなかなか集中してくれない、なかなか授業が生き生きと進んでいかない。そうすると、なんか子どもを動かす技術さえ身につければ、一時間、一時間、子どもを動かせる。そうすれば何とか悩みを解決できる、こういうふうに考えるだろうと思うのです。またそれは当然な悩みだと思います。（後略）

なお、一九九〇年高知大会での西郷の講演の一部を次に引用しておきます。

だいたい「生活科」ということが叫ばれるようになりましたのは、すでに二十年ほど前のことです。といいますのは、あの悪名高い「期待される人間像」が打ち出されてきて、国民から総スカンを受けた。続いてまた特設・徳目主義道徳教育というものをこれまた強力に教育現場へ押しつけようとしたのです。「道徳教育指導資料」なるものを印刷して、それを無料で現場へ配布しました。国民の血税を使って、そういうものを作って全国津々浦々にばらまいたわけです。この特設道徳教育もまた教育界だけでなくて、すべての国民の総反撃をうけて、潰されてしまった。そこで文部省は何とかして戦前の修身教育を復活したい。つまり徳目道徳教育を何とかして教育現場に押し込んでいきたいという魂胆から「生活科」を打ち出してきたのです。しかし、これが道徳教育だということを、正面から謳ったのでは、またもや反撃をうけることは明らかですから、そこはずるがしこく、社会科・理科いっしょにしたような教科である。しかも子どもというのはまだ頭脳が十分発達していないから体験を通して、自然認識や社会認識を育てる。それが「生活科」というものなんだ。こういうふうな謳い文句で打ち出してきたわけです。これは当然、社会科の民間教育団体、理科の民間教育団体から総反撃をうけることははっきりしていますから、そういう誤魔化しの言い分で打ち出してきたわけです。

◆「生活科」の反動的内容

確かに、体験を通して認識させる。これは結構なことです。それを、遊びを通して自然とは・社会とはということを認識させる。これも結構なことです。そのとおりであればそれなりに結構なのです。ですから中にはなるほど結構なことだと言う人たちもあったようです。ところが最近になりますと、自然認識・社会認識を育てるために、それを生活や遊びといった体験を通してわからせるのだと言っていた文部省がピタッとそのことを口にしなくなりました。そこで実際にこれが「生活科」の典型的な見本だという形で打ち出してきたモデル授業があります。その中に、有名な実践例なのでみなさんごぞんじだと思いますが、「アリの道」というのがあります。アリが行列を作って、行き帰りする。これをビデオで見せて、それで結局何を指導したのかといいますと、「みなさんごらん。あのアリのような小さな虫だって、ちゃんと列を作って行き帰りします。まして、あなたたちは人間なんだからアリに負けないように、学校の行き帰りにちゃんと歩きましょう。どこかへ行く時も列を乱さないように歩きましょう」というのです。要するに、そういうことをやっているわけです。

◆自然認識・社会認識を育てる教育とは無縁の中身

いったいどこが、かつて二十年前に自然認識・社会認識を体を通して形成するんだと言っていたそれの見本なのでしょうか。子どもを管理するために、しつけ＝道徳をやっているにすぎない。いったいどこでアリという教材をもとにして「自然というものはこういうものだよ。社会というものはこういうものだよ」と教えているのでしょうか。

ごぞんじの通りアリは餌を食べます。一ぴきのアリがその餌を見つけたとします。それをくわえてアリの巣まで戻ってきます。そうすると仲間のアリがまた同じ道をたどって行き帰ります。そこに餌がある限りずっと続きます。餌がなくなるとアリの道も消えてしまいます。では、どうして一匹のアリが仲間のアリに餌のありかを教えるのか。そこに自然の秘密があるわけです。そういうふうに問題を投げかけると、子どもたちはどうしてかと考えるでしょう。実は巣に帰るとき「道」に蒸発しやすい液をつけているのです。その臭いをたどって仲間のアリがそこへ行く。そして餌を取ると臭いをつけて帰ってくる。また臭いをたどって行く。たくさん餌があると臭いの道も強く大きくなる。こういうわけです。そして、その液には二つの条件があります。ほかのアリの道と混線しないように、アリの種類によって臭いがちがっているのです。ですからほかのアリが来て、これをたどるということはない。これは大事なことです。もう一つの条件は蒸発しやすい液ということです。この二つの条件が必要十分条件なのです。

どうして蒸発しやすい液でなくてはいけないのでしょう。そういう時に、つまり条件を考える時に、これを裏返しに仮定という考え方を使って、もし蒸発しないあるいはしにくい液であったらどういうことになるかと考えさせてみる。いずれ餌がなくなります。餌がなくなっても臭いの道が残っているとしたらどうでしょうか。後から後から無駄足するアリがいっぱいでてきます。しかし、餌がなくなったらアリは臭いをつけずに帰ってきます。そうするとまもなく臭いの道が消えてしまいます。それで巣から出ていくアリはいなくなる。アリという小さな虫でも、生きていくためにそういう見事な条件をふまえた生き方をしているのです。それなしにはアリは集団として生きていくことができません。

アリが生きていくためにはまず食うことです。それから身を守ることです。暑さ寒さ敵から身を守ることです。生きていくために食うといっても、集団でもって食うのです。そのために何が必要か。こういうことが子どもたちにわかった時、たった一匹の小さなアリさえ集団の中でどういうふうに生きていくすべをもっているのか。要するにそういう条件をふまえて生きている。これは何もアリに限りません。蝶々だって魚だって人間だってそうです。人間はただし複雑な社会生活をしています。たった一つや二つの条件で生きているわけではありません。いろいろな条件をかかえて生きている。というふうなことが小さな子どもでも、アリならアリというものを通して、アリというものはどういうものかということだけではなくて、生きているということはどういうことか。自然とはどういうことか、また、人間とはということがわかる。ある驚きをもって、感動をもって認識する。これが本当の教育です。これを例えば、遊びという場で体験を通してというのなら賛成です。何も本を開いて、教科書を教えなければならないことはありません。野原へ飛び出していって、アリの行列を観察するとか。もちろん臭いの問題はただ目で見て、子どもが観察してわかることではありませんが、例えばそうやって体験を通してでもけっこうです。どういう体験をとおして、どういう筋道をとおして、どういう見方・考え方を使って、子どもたちに物事の本質とか、法則とか、価値とかを認識させるのか。地道ですけれどもたゆみなく進めていかなくてはならない教育というもののあり方があると思います。

ところが、先ほど申し上げましたように理科と社会科をいっしょにしたような自然・社会認識を教えるんだと大法螺吹いた文部省が、現にやっているのは道を歩くときには、列を乱さずちゃんと歩きましょうというしつけを、こういう徳目だけを教え込んでいるのです。これが「生活科」というものの実体・本質なのです。

◆「法則」化の打ち出した道徳教育のお粗末な中身

さて、文部省が上の方からそういう形で教育現場に「生活科」を押しつけてきている時、それと相呼応して民間の側にそのような政策に媚びて、それと一体となって進めているグループ、運動というものがあります。それが「法則」化なのです。ここにも「法則」化の方がみえているかもしれませんが、異論があればどうぞ後で反論なり何なりしていただきたい。私がこれから語ることは事実そのものです。その事実そのものについてみなさん方に考えていただきたいのです。

文部省は道徳教育をやりたかった。しかし、それを引っ込めて「生活科」という名のもとに、民間教育団体が戦後作り上げてきた理科・社会科の成果を押しつぶして、その上で「生活科」の名のもとに道徳教育をおし進めようとしているのです。そういう時期に「法則」化は「道徳教育」を打ち出してきた。そしてさらにその上、「法則化・生活科」なるものをやるんだと言い出してきている。

では「法則」化が打ち出してきた道徳の授業がどういう授業であるのか。これからお話ししてみたいと思います。(中略)

◆使われない「類比」という用語

日本読書学会の会長さんである坂本一郎さんが、日本の国語教科書の中で、どんなことばがいつ、どの学年で出てきたか、ということを全部統計をとって、それを一冊の本にまとめておられます。

私は興味があって、私どもが基本的な重要なと考えていることばが、過去の教科書で、何年生ぐらいで、どんな形で出ているかということで調べてみたことがあります。「対比」ということばはすぐでてくる。ところが、片方の「類比」が全然ない。あきらかに一方的です。わかりやすいたとえでいいますと、「明るい」ということばは教えるけれども、「暗い」ということばは教えないというようなものです。「強い」に対して「弱い」、いわゆる対になったことばでしょう。「対比」と「類比」という用語も実は対になってあるものです。

それなのに、「対比」ということばだけ、早ばやと出てくるのに、「類比」ということばはついに出てこない。中学三年になっても出てこない。これは何を意味するか。ことばだけの問題ではないのです。

◆類比─対比という認識方法を教えない

つまり、教育全体の中で、類比─対比という二つの対になった見方・考え方をきちんと、一年生から指導しなくてはならないという考えが全くないということです。

「対比」と「類比」は対になったことばとして扱ってほしいのです。「対比」だけ先にでてきて、二、三年たってから「類比」が出てくる、そんなおかしなことがあるでしょうか。

「強い」ということばは一年生で、「弱い」は四年生で、そんなおかしな指導はないでしょう。「強い」というのは、「弱い」というのと対になって理解できること、認識できること、したがって、ことばというのは、認識から切り離して扱ってはならない。難しそうだから、これはあとまわしにして、これはやさしそうで、字数も少ないから早く出そう、そういうおそまつな漢字の学年配当の発想で、教科書というのはつくられています。

その教科書で、みなさんはなんの疑いもなく、なんの不満もなく、やっておられる。認識という一番教育の基本的なことが、棚上げされている。これは一つの例です。こういったことはあげるときりがない。これをあげだすと、ぼくは、怒りが燃えあがります。

たとえば「価値」、「ねうち」という用語についても同様です。「価値」ということばは、大事なことばです。価値とはなんぞや、これもまた、坂本さんの本を読んでも、なかなか出てこない。一年生からずっと見ていて、今出てくるか、出てくるかと思っても、なかなか出てこない。出てこないもどかしさ、しまいには、腹がたって、本をやぶりたくなるぐらい怒りがこみあげてきます。もちろん本も坂本さんにも責任はないのですけれども。

「近ごろの若い者は価値観がない」などとよくいう。それは、しかし若い者の責任ではない。そもそも、価値とかねうちとは何だということ、どういう段階で、どういった手立てで、どういう仕方で認識させていくか、わからせていくか、これが実はないからです。

◆小学校段階で本質的で基本的なことを

一番大事な、基本的な本質的なものこそ、まず小学校段階でしっかりと教えることです。枝葉のことは、あとへいってからでもいい。よく小学校一年生の先生に、一年生の教育、授業、指導で何を教えるかと聞くと、たいていの先生は、「やさしいことを教える」と答える。もちろん難しいことを教えてもだめです。私だったら、「一番大事なことから教える」と答えます。木にたとえますと、枝葉もありますが、幹、根っこにあたることです。根っこにあたるもの、幹にあたるもの、ここからまず教育を出発させる。一年生には、まず、根っこにあたるもの、幹にあたるものから教えていく。そして教える時にいかにやさしく、おもしろく教えるかということであって、やさしいものを教えるのではない。大事なことをやさしく教えるのです。ここをまちがってはいけない。どうもやさしいことを教えるということで漢字も山とか川とか画数が三つや四つぐらいの漢字ばかり教える。そして、四年生ぐらいになると、突然画数が多い漢字が出てくる。

目と口は一年生で教えるけれども、鼻は五年生。五年生まで鼻はおあずけ。しかし鼻のない顔なんて考えられません。漢字指導の面で、もう少し考え直したらいいのではないでしょうか。文部省の漢字配当というのは、一応理屈があって一見科学的に見えますが、非科学的・非教育的です。子どもに何をこそまず認識させたいか、どういうものの見方・考え方を育てたいか、これを基本にして、そのことをわからせるために必要な学習語句をある順序で教える。漢字がもし難しいならばひらがなでもよい。やがて漢字を習えるようになったら漢字にしていく。そういう配慮もふくめて、もう一度、学習基本重要語いの見直しをしなければいけない。今までの学習語句、重要語句、いろんな言い方をされてきた、そういうものの抜本的な見直しを、これから改めて研究しなくてはならないと、今思っているところです。

◆認識の方法を学ばせながら確かな認識の内容を

さて、前半にくり返される出来事を類比し、そのような事態に陥ったことの原因・理由を考え、さらに前半と後半を対比して、そのちがいを考えさせる。前半が自然破壊、後半は自然保護というようなことばで表せる対比があります。そこから自然と人間の関係というものについての思想を培うことができるのではないか、これが私どもの主張する認識の方法、ものの見方・考え方（ここでは類比とか対比とか）を学ばせながら、人間と自然というものが共に生きるという思想、この認識内容をも学ぶ、学ばせる。この認識の方法と認識の内容をペアにして、いっしょに学習の大事な課題にする。こういうことです。

もちろん、これは国語科における文芸の授業であるわけですが、同時に、そこには自然というものに対する理科教育の側面をもっています。また、社会科教育の一端をも担っているといえる。私どもは、ずっと十年ほど他教科との関連ということを考え主張してきています。

◆国語科独自の課題と関連指導

国語科というのは、独自の課題、独自の方法がありますけれども、しかし、八教科の中の一つの教科として他の教科との横のつながりをしっかり考えないといけないのです。他の教科とのちがい、他の教科と何がどう共通するのか、関連するのか、この共通性、関連性をふまえながら、国語科独自の課題とは何か、を考えるべきです。ところがその独自というところだけが強調されて、他の教科との共通性、関連性というものが、見失われてきたのではないか。そもそも独自性というのは、共通性というのと対になった考え方で、共通性がわかるので、独自性もまた、はっきりするという関係にあるのです。

特に小学校の先生は、一人で八教科教えるわけで、そうしますと、時間割で、一時間目は国語、二時間目は理科、三時間目は算数というふうになっていますけれども、先生の頭の中ではやはり、それらのものが、うって一丸となって子どもを育てる、こういう考え方が必要だろうと思います。頭をパッパッと切りかえて、バラバラに、一時間目と二時間目とがあってはいけないと思います。

国語の中で、類比・対比という見方・考え方を豊かに指導したら、それがまた理科や社会科の中でも、類比・対比という見方・考え方が、生きた形で、ちがった場面でそれが生かされていく、こういうことが必要なのです。もちろん教科それぞれ独自ですから取り扱うものも、対象も違います。算数であれば数や量を取り扱う。理科ですと、たとえば自然を扱う。物語ですと人間を扱う。扱う対象はそれぞれちがいますが、見方・考え方は共通なものがあります。その共通なものが、ものの見方・考え方、認識の方法というわけです。

これを私どもは一年生から順を追って、系統的に指導していこうということを主張しています。これを認識の方法の系統指導と呼んでいます。

◆国語科の系統指導

今までの国語科の系統指導というのは、結局言語事項の系統指導です。てっとり早くいえば、漢字です。一年では、二年では、というように新出漢字が学年別に配当されている。これもある種の系統といえばいえます。それから、文法的な要素です。主語、述語とか、修飾、被修飾とか、段落とかつなぎ言葉とか、指示語とかいうふうなものを順次、学年に従って教えていくというふうなことが、今までいわれてきていますし、今の学習指導要領にも明記されています。教科書もまた、それに従ってできている。

しかしながら、私が一番大事なことと思うことは、認識の方法、ものの見方・考え方が軸となり、これを一年では、低学年では、高学年では、中学・高校ではというように、認識の発達にそくして、認識の力をつけていけるように、順序をふんで系統的に育てていく。これを大きな柱にして、その柱にそって、言語事項や文法の問題、いろいろな問題をそれにからめて、それにかかわらせて、国語教育の体系全体をつくっていくのです。

他教育との関連という時に、今までは、題材そのものが共通するというので関連させる、という考え方でした。もちろんこれもあります。しかし、認識の方法、ものの見方・考え方が他の教科においても生かされる、これが実は大事です。でも、そこは今までそのようには考慮されていなかったのです。

◆認識方法の系統化で他教科との関連指導を

社会科の民間教育団体もありますし、理科の民間教育団体もありますが、もちろん、それぞれの団体が苦労なさって、いろいろな成果をあげていますけれども、どうも私のみるところ、認識の方法の系統化というところまで至ってない。私どもが一足先に認識の系統というものをつくりだし、最近、他の教科の研究団体も関心をもちはじめてきた向きもあります。いずれは、各民間団体がいっしょになって、手をつないで、子どもの認識をどう育てるかという共通の目的をたてて、それに向かって研究と実践をつづけていく、こういう新たな課題も出てくるのではないかなと予想しています。

このことは当然のことながら、国語科の中の文芸教材の授業、説明文教材の授業、あるいは作文指導、読書指導、その他の領域にも関連する。他教科との関連だけでなく、国語科の中にもいろいろな領域があります。言語領域の指導や文芸の授業、説明文の授業、作文、読書、話し合いの指導、いろいろな領域をも横に関連させなくてはいけません。まずは足元からです。このことを私どもでは今までずい分とやってきました。国語科とはいろいろな領域がまざってある。すしづめになっています。文法の指導もあれば、読書指導もある。説明文もあれば、物語も詩もある。そしてそれぞれがなんとなく、バラバラに配列されていて、指導のあり方もバラバラになっています。

それではいけない。一本に横につなげて、国語科を一体のものとして、そして国語と他の教科を横につなげて諸教科全体を一つのものとして考える。こういうことを主張しているのです。（後略）

なお、この大会のことについて書いた西郷の一文がありますので、これも参考までに引用します（『全集』第5巻（恒文社、一九九六年）の「はじめに」）。

三日目のシンポジウムに科学とか芸術とか他の分野の方々を講師にお呼びすることの理由について述べ

たものです。

ここにも他教科との関連を重視する私どもの考え方が具体的に反映していると思うからです。

国語科の課題と他教科の課題を関連させて

◆国語科の独自性と他教科との関連

今大会もそうですが、私どもの研究集会には、いろいろな方を講師に呼んでおります。文芸教育の研究集会ですから、作家の方をお呼びするのは、常識的にみて納得できると思います。例えば、作家の野坂昭如さんとか、作家の早乙女勝元さん、こういう方を大会にお呼びするというのはこの私どもの教科が国語、文芸教育ですから、当然のことだと思われましょう。

野村万作さん、狂言師の方をお呼びするのも、国語の教科書に狂言が教材としてありますから、その辺とのつながりかなというふうに、多分みなさん、理解なさっていると思います。

それから、動物行動学の第一人者といわれる日高敏隆さん、この方も教科書に説明文教材として、二、三いろいろな教科書に載っておられますから、そういう関係でお呼びしたのだろうぐらいに、多分お考えだと思う。

確かに、そういう側面もございますけれども、私どもが国語科でありながらといいますか、あるいは文芸教育を中心に運動を進めているにもかかわらず、といいますか、そういう科学とか、芸術とか、いろいろな他の分野の方々を講師にお呼びするということと、それからまた、三日目のシンポジウムでも、科学教育の方、理科教育、それから、数学教育、それから、歴史教育、そういった他の教科教育の民間教育研究団体のトップクラスの方をお呼びしてシンポジウムを企画しております。これらは結局、どういうことであるかということです。これは私たちが教育で一番大事なことは子どもの人間観・世界観を育てる、これが一番基本だと考えているからです。それはなにも、国語科だけの問題ではない。理科教育においても社会科教育においても、あるいは、美術教育においても、その基本になるのは、どういう人間観・世界観を育てるか、そのことだと私どもは考えているからです。そういう意味でいいますと、他の教科の方とか、文芸以外の科学や芸術の他の専門家の方もお呼びして、そして、どのような人間観・世界観をどういうふうに育てたらいいか、そういう点で、いろいろとお知恵をお借りしたい、とこういうことなのです。参加される先生方にもこの場で、この三日間の中で、理科にしましても、社会科にしましても、また、数学にしましても、結局は、子どもの人間観・世界観をどう育てるか、そこが一番の原点なんだと、そこをしっかり認識しておいていただきたい。こういう思いから、講師の先生方に、今申し上げたような方々をお呼びして、講演とかシンポジウムということになっているわけなのです。

なお、〈人間観・世界観の教育〉ということについて、同じく『全集』第5巻（恒文社、一九九六年）の「はじめに」の文章が、参考になると思い、紹介します。

賢治の詩を引用して、具体的に述べております。

一

すべてのものは、あみの目のようにつながりあい、すべてのものは、つれあって変わる。

したがって、あみの目のひとつである私が変わることによって、この世界のすべてが変わる。

これが私どもの主張する人間観・世界観です。人間とは何ぞや、世界とは何ぞや——ということはいわば表裏一体のもので、きりはなして考えることはできません。

ところで、文芸作品は、作者の人間観・世界観を読者の「眼」に見える人物像・世界像として提示します。したがって、読者は、人物像・世界像をいろどりあざやかに、ゆたかに表象化《イメージ》することで、その人間観・世界観に迫ることができるのです。

したがって、私は、「ようす・きもち・わけ」を読みとらせることに終始する読解指導を批判し、読解をこえて、読者の〈人間観・世界観を育てる〉ことを主張しています。

たとえば、ここに宮沢賢治の詩「烏百態」があります。

烏百態

雪のたんぼのあぜみちを
ぞろぞろあるく烏なり

雪のたんぼに身を折りて
二声鳴けるからすなり

雪のたんぼに首を垂れ
雪をついばむ烏なり

雪のたんぼに首をあげ
あたり見まはす烏なり

雪のたんぼの雪の上
よちよちあるくからすなり

もし、この詩を教材として小学校高学年あるいは中学校で授業するとすれば、どのような授業を構想するでしょうか。

これまでの読解指導であれば、各連に描写されている〈烏〉のようすをイメージ化し、それぞれの〈烏〉の行動のわけ（理由・原因）を考えさせ、あるいは〈烏〉を人物とみなして、そのきもちをとらえさせる、ということをめざすでしょう。

しかし、これらの読解指導をもってしては、宮沢賢治の思想（人間観・世界観）に迫ることはできないでありましょう。

周知のとおり、賢治は法華経の信奉者であり、大乗仏教の哲学・思想・世界観をもって詩や童話を創作してきました。この「烏百態」も、もちろん賢治のこのような人間観・世界観を形象化したものと考えるべきであり、また、そのような観点に立って、この詩を解釈し、授業を構想すべきであると考えます。

この詩の一連から十二連までは、〈烏〉の〈百態〉つまり、一羽一羽の〈烏〉それぞれの特殊・個別、つまり個性を描写しています。それぞれ、みなちがうということです。このことを、仏教哲学は〈差別相〉といいます。

雪のたんぼを行きつくし
雪をついばむからすなり

たんぼの雪の高みにて
口をひらきしからすなり

たんぼの雪にくちばしを
じっとうづめしからすなり

雪のたんぼのかれ畦に
ぴょんと飛びたるからすなり

雪のたんぼをかぢとりて
ゆるやかに飛ぶからすなり

雪のたんぼをつぎつぎに
西へ飛びたつ烏なり

雪のたんぼに残されて
脚をひらきしからすなり

ところが、十三連には、〈西にとび行くからすらは／あたかもごまのごとくなり〉とあります。たしかに百羽百態、みな、それぞれちがうものとしてありながら、それは、〈あたかもごまのごとく〉すべて、〈平等相〉としてあるのです。

差別というのは区別、相違といった意味のほか、現象世界のすべてが区々別々であり、多様なものとして存在していることをいいます。とくに仏法の立場から万法（すべてのもの）が一如であるとする見方に対して、個々の存在があくまでも独自で、それぞれに異なるすがたをもっていること、その上で差別即平等、平等即差別ともいうのです。ここに〈即〉というのはイコールということではありません。自己（自我）否定を経た上での両者の一如（止揚・統合）をいうのです。

万物それぞれの差別は差別としてありながら、縁起、無常、空といった〈法〉からみると、同じ法につつまれていることにおいて、平等であるということです。（岩波書店『仏教辞典』による）

賢治の「烏百態」を教材としてとりあげるとすれば、私は、当然、このような人間観・世界観を育てることをめざして授業を構想すべきであると考えます。（なお、賢治の思想については拙著『宮沢賢治「やまなし」の世界』黎明書房刊をぜひ一読ねがいます。）

二

〈人間観・世界観の教育〉をテーマとする本巻において、私は多くの

西にとび行くからすらは
あたかもごまのごとくなり

スペースをさいて自然について論じ、また自然科学者の方々との対談をかさねております。いささか不審に思われるむきもあるやも知れません。

しかし、認識論の立場からすれば、自然というものを見る見方・考え方は、そのまま人間や社会を見る見方・考え方そのものでもあるのです。(前出の「鳥百態」ではまさにそのことを具体的に述べていたつもりです。)まど・みちおさんの童話「きりかぶの赤ちゃん」について、私は、自然と人間の関係は、そのまま人間と人間の関係でもあると述べております。自然をどう見るかは、人間をどう見るかと本質的にかかわりありません。〈ものの見方・考え方〉ということを中心にするとき、〈人間観・世界観を育てる〉という一つの目的のもとに、理科や社会科その他すべての教科を関連づけて指導することが可能となるのです。したがって、本巻は「国語科の全体像」(第三巻)とも、「教育的認識論」(第四巻)とも不可分にかかわるものであります。〈人間観・世界観の教育〉ということを、どのような教材で具体的にどのように達成するか——を追究したものが第Ⅳセット「指導論」であり、また第Ⅴセット「実験授業」であります。

以上の趣旨をさらに納得していただくために、西郷の著作『自然と人間』(明治図書、一九九二年)の「まえがき」を引用しておきます。

なぜ私どもが他教科(たとえば理科)との関連を主張するのか——それは、人間観、世界観を育てることを目的としているからなのです。

私たちにとって自然といえば、「山紫水明」の日本の山川草木のイメージであろうと思います。

そこは、思い出のところであり、また、心安らぐ憩いのところでもあるでしょう。〈自然の恵み〉という言葉をふっと思い浮かべます。しかし、それは他ならぬ日本人にとっての自然であり、西欧諸国の人たちにとっては、また、ちがったイメージのものとしてあるようです。〈自然を征服する〉ということが言われてきました。その自然観が人間の思いあがりを生みだし、そのことで自然から手痛い「報復」を受けるという事態にたちいたっています。

一方、私たち日本人はといえば、〈自然の恵み〉に甘え、自然からわがままに奪えるだけのものを奪いとる、まさに〈やらずぶったくり〉といわれる悪業をかさね、いま、その「しっぺがえし」を受けています。いずれにせよ、私たちは有史以来の最悪の地球環境破壊の現実に直面しています。自然に対する思いあがりにしても、自然への甘えにしても、それらの自然観は裏がえせば人間中心主義の人間観であり、また、世界観といえましょう。そして、それが、皮肉にも人間そのものを破壊へとみちびくものになっているのです。

私たちは、いま、あらためて、自然とは何か、人間とは何か――という、もっとも根源的な問いの前に立たされています。教育もこの問いから再出発すべきではないでしょうか。私ども文芸研は、このような問題意識のもとに、この数年〈どのような人間観・世界観を、どのように育てるか〉というテーマで全国集会を開いてきました。もちろん、私どもの機関誌である『文芸教育』誌においても、このテーマでの特集をくりかえしてきました。

本書は、文芸研の最近の五か年にわたる全国集会での西郷の基調講演をもとにまとめたものです。一読してくだされば、私ども文芸研が、この数年、何をめざして研究と実践をつみあげてきたかを理解していただけるものと思います。全国集会の講演という事情のため、基本的なことは毎年くりかえす必要もあり、したがって、内容の一部に重複するところもありますが、このテーマについての私どもの考えが年を追って、ひろがり、ふかまってきていることもわかっていただけるものと思います。もちろん〈自然と人間〉の問題をわずか数年で究明できるとは思いません。今後も、このテーマでの研究と実践をいっそうおし進めていくつもりでおります。いずれまた折りをみて、ふたたび、同じテーマでの論考を世に問うつもりでおります。

本書をお読みくだされば、おわかりの通り、講演でふれている話題のなかには、いわゆる理科的題材がたいへん多いということです。これは私ども文芸研が、これまで主張してきた他教科との関連指導ということの一つの現れとして理解していただきたいのです。私どもは、教育の基本は、子どもの〈ものの見方・考え方〉を学ばせることで子どもの人間観・世界観を育てることにあると考えております。

そのため、国語科はもちろんのこと、他の教科（たとえば、理科・社会科など）においても、〈ものの見方・考え方〉を育てるべきであると考えております。したがって、〈自然と人間〉というテーマのもとに、とりあえず理科と国語科の関連ということをめざして、このような基調講演の内容になっているのです。いずれ、社会・歴史と人間という視座で、文芸を中心としての人間観・世界観の問題を追求したいと考えております。（後略）

なぜ宮沢賢治を

各教科を横断—総合する関連系統指導ということを提唱した西郷は、かねて懸案の宮沢賢治の作品を教材として実験授業を試みました。

琵琶湖の東岸に甲良大工の名で知られた甲良町があり、そこの甲良東小学校の六年生の学級で三日間にわたって賢治の「気のいい火山弾」を授業したのです。（その概略については現副会長上西信夫が『文芸研の総合学習（実践編）』で紹介しております。）なぜこのような授業をしたのか、その目的についてふれておきたいと思います。

賢治は周知のとおり、詩人・作家であり、科学者（農芸科学）であり、また法華経の信奉者、つまり大乗仏教の哲学者でもありました。

したがって賢治の詩や童話を取り上げるということは、つまりは、

哲学
宗教
科学
文芸 ｝総合

ということになります。いや、そのような総合をめざすべきであると考えるのです。

すべての教科を国語科を中軸として関連総合すべきであることを主張し、また、会の運動としてもその線に沿って展開しておりましたから、先駆的な実験授業として賢治の作品を取り上げ毎日二時間、四日間で計八時間と間に理科の授業二時間をはさんでの実践をおこなったのです。（その詳細は明治図書刊『「気のいい火山弾」授業記録』（一九八六年）にまとめられています。毎日二時間の授業終了後、二時間、本日の授業についての分析を三重大学教授藤原和好氏、大阪教育大学教授足立悦男氏を交えておこない、その記録も前掲書に収めております。なお授業記録のみは『全集』第34巻（恒文社、一九九八年）に収めてあります。）

さらに、一九九四年『宮沢賢治「やまなし」の世界』（黎明書房）を上梓。（「やまなし」は西郷の強い要請により、教科書（光村六年）に教材として採用、今や教科書教材の古典的な名教材ともなっています。）西郷は「やまなし」を仏教（哲学）、科学、文学、教育の面から総合的に徹底して分析、論究しました。これまで学校教育において、宗教はタブーとされてきました。しかし私は、仏教（哲学）の観点から科学や文芸、教育との横断、関連、総合が可能であり、かつ必要であると考え、一書を上梓するに及んだので

あります。

なお、本書の刊行と前後して文芸研の合宿研（理論研究会）その他の研修の場で度々、「やまなし」その他の賢治作品について以上のような観点で講義をおこなってきました。

これまでの因果律の考え方と対比して条件を重視する縁起論（因—縁—果）、また依正不二《えしょうふに》（客観と主観の相関説）、二相ゆらぎ論などは、今日の文芸研の教材研究、授業実践に少なからぬ役割を演じております。

この時点で「やまなし」論を運動に位置づけたことは、「総合学習」へのさらなる一歩として少なからぬ意味をもつものと考えます。

これまで、考えることさえなかった宗教（仏教）、哲学、科学、文芸というそれぞれ独自な領域を一つに総合するということの可能性を「やまなし」論は具体的に示したものと言えましょう。

すべてのものはつながり合い、つれ合って変わる——という「やまなし」の世界観は、その後、文芸研のめざす人間観、世界観の教育として具体的な指針となったのです。そして、そのことが、文芸研のめざす「総合学習」のあり方をも示すものとなったのでした。

〈ものの見方・考え方〉を軸とした西郷の〈教育的認識論〉の出発から、系統指導、さらに、他教科との関連指導へと展開してきた歴史をおおまかに記述してきましたが、この辺の事情を具体的に明らかにするため、現実行委員長野澤正美が聞き手として西郷にインタビューした記録があります（『文芸教育』70号、明治図書、一九九五年二月）。

「インタビュー・教育的認識論はどのように成立し、発展してきたか」は、『文芸教育』70号（明治図書　一九九五年二月）に発表された（原題は「教育的認識論の成立と展開」）。聞き手は、大阪文芸研の野澤正美氏である。教育認識論の出発から、西郷文芸学と認識の系統表とのかかわり、認識の系統にたった授業の展開などについて、述懐ふうに述べられている。そして、他教科との関連・系統指導を視野に入れた、認識の系統指導が、今後の課題である、としめくくられている。

インタビュー　教育的認識論はどのように成立し、発展してきたか

聞き手――野澤正美

教育的認識論の出発

野澤　文芸研の実践というものが、民間教育研究団体の中でも大変注目されているという声をよく聞きます。その理由は、やはり深い非常に具体的な教材分析と授業実践だと思います。一つのレポートを大会で報告するために、一年近く手間ひまかけて、サークル討議、冬と春の全国のサークル員のあつまる実践研究会を通しているわけですから、当然と言えば当然なのですが、なかなかここまでやる研究団体はないと思います。

特に、この数年、レポート内容もよくなっていると言われているのですが、やはり、「ものの見方・考え方」という認識の方法を使って、認識の内容に迫ることが、ようやく実を結んできているなあということを実感しています。

今日は、その「ものの見方・考え方」について、西郷先生にいろいろとお話を聞きたいと思います。さっそくですが、この「ものの見方・考え方」という教育的認識論を、文芸学の中に取り入れられるというか考え出されてきた理由というのは、どういうことだったのでしょうか。

西郷　私は、もともとは文芸学の専門家で、文芸学の理論を構築しながらその理論を教育の現場に役立ててもら

いたいということでやってきました。ところで、実際教育の立場から言うと文芸学の理論をただ子どもにわからせて、その理論をふまえて文芸作品を豊かに深く読もうというだけではなく、子どもを育てるというのは何を育てるのかという基本的な問題が出てくる。そこにいくとやはり一番大事なことは理科でも社会科でも共通していえることは、ものの見方・考え方を育てる、ということである。では、国語科ではどんな形でものの見方・考え方を育てるのか。それを文芸学の理論と方法にどのようにかみ合わせていけばいいのか、それがまず最初の出発点だった。

それは一つは、文芸研の歴史をふり返ってみると、大会がもたれてから約三十年、全国大会以前の十年の歴史を加えると四十年の歴史がある。四十年の歴史をふり返ってみると、最初は文芸学の理論そのものをマスターするということに必死だった。次に、それを《たしかめよみ》という段階でどうその理論を生かすか、それから《まとめよみ》ということ、そのあとそろそろ作文との関係、読書指導との関係で国語科の各領域を全部総合してやっていくというところまできた。最近他教科との関連、国語科は国語科の中だけで考えるのではなくて、他教科との横のつながりを考えてこそ、国語教育というものも豊かになる、というところにきている。

他教科との関連と相まって、では、何を軸に他教科と関連づけるか、これはもう、ものの見方・考え方ということしかないと思う。認識の方法ということであれば、算数でも理科でも社会科でもすべてに共通することだし、まずそこで認識論というものを登場させるということになる。

そこで、認識の力をつけるためには、認識の方法を学ぶ必要がある。その認識の方法というのはもうとっくに研究されていて、早く言えば本を読めばどこかにあると思っていたのです。ところが、文芸研が認識の方法をやると言ってから、さて、いろいろと本などを調べてみたら、全然そういう本がない。日本というのは翻訳文化の国といわれるくらい諸外国の先進的な理論というのをどんどん翻訳している国だから、たとえばアメリカにしてもフランス、ドイツにしても、そういう研究があるとすれば、それが何らかの形で翻訳によって紹介され、日本でも研究されているだろうと思っていた。それでさがし始めたら一冊もない。認識論という本はあります。それは認識一般の問題について書かれていて、認識方法については書いていない。ましてや、その認識の方法を教育の立場からなど当然書いていません。

翻訳ものにもないし、日本の独自の研究にもない。途中で私はびっくりした。あるものと思って船を乗り出したら、沖まで出てから何もないことに気づいた。だが、今さら引き返すわけにもいかず、困ったなあと思ったが、それじゃあ、よし自分でやるよりしょうがないと決心して、それで研究を始めたのです。

子どもの作文を分析する

西郷　まず、哲学の本とか論理学の本とか心理学の本とか、いろいろ八方手を伸ばしてみたけれど、なかなかとっかかりがない。どうしたもんだろうと、そこでふっと私が考えたのは、そうだ研究文献がないわけだから、いっそ子どもにじかにあたって、子どもの認識を直接調べ、そこを手がかりにするしかないと、そこで始めたのが子どもの作文を分析することだったのです。そこで人にたのんで、手あたり次第子どもの作文を集めてもらった。一年間で山のように集まった。それをどう処理するか。それで私は、多くの人に協力をお願いして、手分けして、そして分析を始めた。題材はぬきにして。どういう見方、たとえば、類比する見方、対比する見方、条件的な見方と、選んでみていく、とこういうことをまずやった。その結果、おどろくべきことを発見したのです。

ぼくらは、対比ということで、何かを対比した作文というのがあれば、当然類比した作文というのがあるだろうと思ったのに、それがない。いろいろな作文の中でとにかく現実のありさまを見たとき、そこで普通だったら、一年でどうだ、二年でどうだと、それぞれの発達段階におけるものの見方・考え方のパターンが一応出てきたのだけれど、たいていの人間は、それが子どもの認識の発達段階の実態だとおさえるが、私は、そこでまてよ、そう考えるのはおかしい。それは、教育の結果でそうなったのだ、と考えたのです。

なぜ、そう気づいたかというと、日本読書学会会長をしていた心理学者の坂本一郎さんが、コンピュータを使って戦後の日本の教科書の語彙調査を行った。教科書の中にどういうことばがいつから出てくるのか、どういうパーセントで出てくるのか、全部コンピュータで整理されていて、その分厚い本を一冊手に入れて、私のチェックしたいくつかの言葉をみていったら、驚くべきことがあった。「対比」という言葉ははやく出てくるんだけれど、「類比」ということばは、どこまで行っても出てこない。ということは、日本の学校教育、公教育は認識論に関して全く無関心だということ。だって「対比」という言葉が出てくるなら、それと対にして「類比」ということばが出てきていいはずだけれど、それが出てこないということは、つまり認識論をまったく棚上げした教育の実態なんだな、それに気がついたのです。

そうすると、おもしろいことに子どもの作文がそうなっている。ということは子どもの認識というのは教育の側が教えて初めてできるのだから、教えなければできない。

一般には子どもの現実はこうだ、だから「類比」を教えるのは早いとかいうふうになりがちですね。そういう言い分を前もっておさえるために、そうではないんだ、子どもの現在の認識の状態というのは、もともとあるものではなく、教育の結果としてそうなっているのだ、つまり教えたものがあらわれてくるのだ、教えなかったものはでてこない。だから子どもの実態をふまえることは大切ですが、これから教えれば育つのだ、という考え方になったのです。そこからが始まりなのです。

実験授業の意味

野澤 なるほど。私は教育心理学者たちの言う子どもたちの発達段階の特徴と認識の系統表というのが、大変かかわりをもっていると思っていたんですが、そうではなくて出発点は、子どもたちの作文であったわけですね。子どもたちのものの見方・考え方がどうであるかという現状認識をきちんとされていたことが大きいんですね。

西郷 そうですね。子どもの作文を分析することで統計的にそれぞれの発達段階における子どもの認識のあり方がどうかということが一応つかめたわけです。作文という分野だけだけれど、だいたいわかる。

その時に、私は自分に言いきかせたことがあります。これは教育の結果としてそうなっているので、教育のやり方が変わればその事態がかわるはずのもんだと。子どもというものはこういうものだと思ってはいけないと自分に言いきかせた。

それからもう一つ、作文をその後分析しながら、一方で、授業を実際にさせてくれとお願いした。過去二千何百回とやってきましたが、何をやってきたかというと、まず文芸学の理論が、どこまでどう子どもの中に位置づけられるかという実験が一つ。もう一つは認識論的な実験。子どもに認識の方法をどの段階でどう指導できるか、あるいはできないか。自分で確かめるために授業してきた。それが私の言う実験授業なのです。今日も小学校で実際に授業をしましたが、皆さんに言わないけれど、私には私の実験のテーマがあった。これをこうやればこうなるんじゃないかとか、それを作文と両方合わせて認識の系統を考えた。それが第一次の仮説です。それが第二次、第三次とだんだん修正されてきて、今の認識の関連系統表ができあがったのです。

つまり、実験授業を通して、そして、私が実験授業をするだけでなく、君らが実際にものの見方・考え方と文芸学の理論をだき合わせにして、教材分析、授業実践をする。それをいろいろな場で集団で討議しますね。君らは気がつかないけど、私は、それをみて「ああこの認識方法は、この学年ではやっぱり無理だな」とか、系統の順序などそれをデータにして仮説を修正して煮つめてきたのです。

本当に、うかつだった。外国でも日本でも認識の方法はひと通り研究されているとばかり思っていた。しかしない。そんな本見たこともない。あれだ喜んで私もとびついたんだけどね。

認識の方法を系統だてる

野澤　そうですね。ほとんどありませんね。

西郷　おどろいたね。本当に。

さて、認識の方法を教えて、それが身につく。そのことを認識の力が育ったといいます。たとえば、泳ぐ力をつけるというのは泳ぎ方を教える。泳ぎ方を教えても、それですぐ泳げるわけではない。泳ぎ方を教えられて、プールに入って、手足を動かしているうちに体得される。その時に力になった、身についたということになる。

少なくとも理屈として、認識の方法、ものの見方・考え方がこういうのかということ、それを教えるという前提が必要なわけです。しかも、それをどういう系統で教えるかなどということは当然ない。どういう認識の方法があるかというのがはっきりしないのに、認識の系統が立つはずがないですね。その、認識の系統を本当に試行錯誤してつくった。

先ほどもふれましたが、まず、子どもの作文の分析と、私の実験授業と君らがやった授業記録を分析する。どこでつまずいてるのか、どこで子どもがひっかかるか、ここは無理だな、ここはこういう可能性があるなど、そうしたことをやってきて一応発達段階に立った、ものの見方・考え方の系統・配列が整ってきたのです。

野澤 十年ほど前ですか、よく水泳の指導のことを例にあげておられましたね。子どもたちに、25m泳がせたいというねらいがあって、そのねらいを達成するために、バタ足の方法、手のかき方、呼吸の方法とか順序立てて教えていくのだけれども、国語科では、そういうようなことがまったくなされていない。様子や気持ちを読みとると言った読解指導に終始している。子どもたちのものの見方・考え方を育てなければという言葉だけはよく言うけども、実際には、全然指導されていないという現実を指摘しておられました。

そういう情況の中で、先生自身が、文芸学の理論を構築してきたやり方と同じように、現場で理論をたたきなおしながら、ものの見方・考え方の系統を作り上げてきたということがあるわけですね。

西郷 私は、幸せだったと思うのは、ふつう大学の研究者は、自分の理論なり仮説を実際に検討するという可能性が非常に少ない。一部の弟子がやってくれるだけです。それも現場の教師ではないでしょう。

私の場合、幸い、たとえば君らが、私の仮説をもとに現場でやってくれる。やったら、うまくいったとかいかなかったとか、報告が実践記録として集まってきます。ひそかに私は、これはやっぱりだめだったとか、これはいいとか、で修正を加えるわけです。そういう意味では、私の仮説をみんなが積極的に実践してくれるので、こわいようなうれしいような結果的にはありがたいことなんだけれど、自分の理論を実践の上で試してくれるこれだけの仲間がいることは研究者として、本当に幸いです。

大学の研究者にはない。たとえば、学会があってもまともに批判もしないし、また、協力もしない。それっきりになってしまう。本当に、あっけないものです。私の場合は、どっかあやしかったり、おかしかったら、だめだってことでつき返されてくる。皆さんが信頼してやってくれるから、どうやっても、うまくいかないとなると、あ、それじゃあどこがまずいかな、やっぱりこうかな、というふうに検討し、修正せざるを得ないのです。それは、一般の大学の研究者よりかくだんに私は幸せだなあと思うね。

西郷文芸学と認識の系統表とのかかわり

野澤　だから本当に「ものの見方・考え方」というのが説得力をもつというのは、そういう現場の教師たちの実践、あるいは先生自身が授業をする中できたえられてきた経過があるからですね。

しかし、実際に、系統表の試案が出されて、たとえば《たしかめよみ》の中で、類比・対比・条件等の用語を使った時に、文芸理論で、切実な共体験をするということと、認識の系統表とのかかわりがとらえられなくて、現場の教師自身もすったもんだしたんじゃないかと思うんですが、そのあたりは、どうだったのでしょうか。

西郷　ああ、あるんだね、それが。文芸研の初期からのサークルのリーダーであって、今ではもう退職した人たちや、それに近い人たちの中で、拒否反応があった。それはどういうことかというと、文芸研の理論をマスターして、それでやっとここまできたのに、そこで何でまた認識論をもちこんでやらなければならないのかと、そういう時期があった。認識論自体が理屈だけのもので、なるほどという説得性をもっていなかったということもあったのでしょう。そういう時期を通りこして、生煮えだけどどうにか認識論というのが必要なのかなあ、やらなくちゃいけないかなあという感じでやり出してきた。ただ、若いサークル員は、ちがっていて、がむしゃらに取り組んでくれた。そうすると、やっぱり、これは必要だな、これがあると授業が、的確にいくと、そういう歴史があったのです。

野澤　やっぱり、最初というのは非常にむずかしかったと思うんですね。

西郷　うん、途中で投げ出そうと思ったこともありました。私は文芸学者なんだから、文芸学の方だけちゃんとやっていればいいと、思うこともしばしばだった。でも、今ここまできて、やってきてよかったと思っています。というのは、やはり文芸学の理論だけでは、国語の授業ももちろんだけれど、他の授業もいいものにならない。やはり認識の方法を発達段階に合わせて系統的に指導する。すべての教科を関連させなければいけないというこの考えは正しかったと思うし、だれも今ではそれを疑わないと思う、文芸研の中の人はね。

認識の系統に立った授業の展開

野澤　そういうことも含めて、教材をというより、教材で教えていくという主張になったと思うんですね。

初期の頃、七、八年前の全国大会のレポートのものの見方・考え方のところを見てみますと、この教材でどんな力を育てるかといった時、認識の方法といったら、比較してみる見方を育てるとか、条件的に見る見方を育てるとか、それだけを羅列してあった。しかし、それが、どのように授業に生きているかということが、はっきり見えなかった。

三年ほど前の実践研で青森文芸研の斎藤光正さんと話をした時に、こんなことを言っていました。「私は、人のレポートを見る時に、この教材でどんな力を育てるのかというところを、まっ先に見るんです。ここを見れば、授業が見える」と。その通りだと思うんです。

私たちだけではないんだけれど、この数年前から、みんながどんなふうにして、認識の方法を使ってイメージ化し、認識内容をとらえていくかということを大事に考えてきたかといいますと、たとえば、比較（類比・対比）してみる見方・考え方を使って、イメージの変化発展する過程や対比の関係を文図を使ったり、わかりやすく文章化したりして、授業実践に生かそうとする姿勢が出てきたのではないかと思います。実践を通して、自分のものにしてきているあかしだと思うんですが、先生からご覧になられていかがですか。

西郷　私は、最近の三、四年、急に認識の方法、ものの見方・考え方がサークルの活動家の中にいい意味で定着してきたと思う。それが授業の上でいい形でできていると感じる。それまでは、ぎくしゃくしてて、しつこい授業で、肩のこる授業だった。まあ過渡期なんだからしょうがないんだ、と思いながらみてきた。

野澤　実際に私らの実践がこなれてきたというのもあるんですが、系統表をもう一度見直して見ますと、その中でも「比較する見方・考え方」というのが、低学年でつける力となっていますけれども、ほとんどの作品の基本的な見方・考え方になっていて、これは、確実に皆が理解して取り入れるようになっています。それに、「条件」とかその裏返しである「仮定する見方・考え方」もみごとに授業に生かされている。その一つの原因がこの辺にあると思うんだけど、地球環境問題がクローズアップされてきて、これを扱う説明文教材が多くなった。つまり、環境問題の本質をとらえるのに、「条件・仮定」という認識の方法は不可欠のものだからでしょう。また、高学年では「連関・連鎖」や相関的なものの見方・考え方、そういう認識の方法が積極的に指導された。もちろん文芸教材の中でも、実践の中で取り入れて実践者にとっても理解されやすく幅広く使われてきたと思うんですけれど、中に、もうひとつ使い切れてない部分、教材選定にもよりますけれど、「類推」とか「変換」などの認識方法は扱い難いという印象があります。

西郷　これは、私自身の関心ということと関係があるんだけれど、私がやたらと注意したりおこったりけしかけたりしているところは伸びてくる。私が、あまり指摘しなかったり、注意しなかったりしているところは、そのままになってしまう感じで、明らかに指導と、その結果との関係という感じがします。これから私はもうちょっとそういう面も注意して伸ばしていこうと思っている。

野澤　たとえば、「選択」とかの見方ですと、結果として表現の部分とかかわっていかないといけないんですけれど、「選択」というものの見方がもう少し目に見えるかたちで、作文や詩の表現にあらわれてきているといった実践も出していかないといけないんじゃないかと思うんです。

西郷　わかります。私の系統表というのは、実は実践的にできていて、多少、理論的にはすっきりしないところがあります。

たとえば「選択」という課題がある。「選択」というのは、実は何かを選ぶという場合に、他の物と「対比」したり、「類比」したりということが行なわれる。それから、「条件」ということもある。「比較」とか「条件」とかそういう見方をふまえて結果として「選択」ができる。

私が、あえて「選択、選択」と言わないのは、類比や条件をやれば「選択」する力がつくことになるからです。たとえば、「比較」というのがある。「順序」というのがある。「順序」というのは「比較」ができて初めて成り立つものです。背の大きい順に並べというのは背丈を比べて、こっちが高い、低いと順に並ぶ。つまり、「順序」というのは「類比・対比」が身につけば、あえて「順序」といわなくても自然に「順序」という見方ができるようになる。そういうふうに上の課題というのは、下の課題を含んでいる。下の課題の組み合わせで上の課題ができているのです。

中学校の課題である「矛盾」というのは、「対比」という認識方法の特殊な形です。一つのものの中に対比を生みだすのが矛盾ですね。つまり「矛盾」という見方・考え方は「対比」の特殊な形なんだから、「対比」のあるケース、ある場合を考えていけば実は矛盾を考えていくことになっている。だからあの系統表というのは、それの前の段階の認識の方法に関連できるところがあるのです。

有機的な構造をもつ認識の系統

野澤　そうですね。だから「比較」という見方が一年から六年までに深くかかわっていくわけですね。

西郷　それが基本です。しかも一番多い。だから根っこにあたる「比較」という方法を低学年からしっかり身につける必要があるということなのです。そのことで「順序」も「選択」も「矛盾」も理解できるようになるのです。前のことをふまえながら、ある方法とある方法を組み合わせてできたのがより高い発展段階の課題となる。実践的にそういうふうになっています。

野澤 中学とか、高校にかけてものの見方・考え方の系統性について、または発展性について、先生はどうお考えですか。

西郷 認識の基本的な方法は、小学校の段階で全部出ています。それほどたくさんはない。中学校、高校はそれのどういう組み合わせかということになります。新しい認識の方法が別にいくつもあるわけではない。小学校段階でやった認識の方法を、どう組み合わせれば、どういうものができるのかということなのです。

教育現場と認識の系統表を生かす授業

野澤 結局はまず小学校の段階で系統的にやっていくことが大切なんですね。

西郷 逆に中学校は、小学校の系統表に従ってやり直すことができる。

野澤 私たちが、持ち上がりでなく高学年をもった場合、その子どもたちは、一年の時から系統的に認識方法を育てられていないことが多い。そんな時でも何もあわてることなく、詩などを使って、ものの見方・考え方の基本的なものを、たとえば、五年の一学期のうちに少しずつやっていくということが大事なんですね。五年、六年の間に十分追いついていくということができる。その辺の不安をかなり現場の教師たちはもっています。

西郷 君の言った通り、今の日本の教育現場は文芸研の主張した通りに従ってやってるわけではないから、たとえば君たちが仮に四年を受け持ったとして、一年から三年までに身につけてほしい文芸研が言う認識の方法がまったくなされていないわけだ。イロハのイから始める必要がある。そういうジレンマが起こる。でも、それを一学期内に大まかに一通りやって、二学期、三学期にはその学年にふさわしい認識の課題を実践していく、今のところは、そういうやり方しかないと思う。中学の場合、小学校での課題を一通りやってしまうということだね。

系統表が公教育で成り立っていれば、そんなジレンマはまったくないし、学年の課題だけやればすむ話だ。

野澤　それと国語の教材というのは、どうしても教科書が中心になります。自分たちが自主編成をしていかないと、なかなか系統的な授業ができにくい。その一方、時間かけても価値のない教材というものがある。そういうことからも、ものの見方・考え方を教師自身もつけていく必要がある。教材を選ぶ目も大事になると思う。

先生の『教科書指導ハンドブック』をみて、教材を取捨選択するようなことでは困るんで、やはり自分たちで、教材を発掘する。そうしないとなかなか系統的な指導というのはむずかしいような気がするのです。

西郷　本当は、系統的指導にはそれにふさわしい教科書があってしかるべきものだけれど、現実にはそうなっていません。結局教師が自分で自主編成しなくてはいけない。本来、教材というのは、教師の主体において自主編成すべきものです。今は、教科書会社が作って文部省が検定するという形になって上から押しつけられて、それを授業するという形になっている。しかし、もともとは、教師の主体性において選ぶべきものだと私は思う。

認識の系統指導の今後の課題

西郷　今まで言っていないことで、大きな問題について考えています。今の系統指導を根底から問い直すことになるのですが、私は今まで、発達段階に即した系統表というものを作ってきた。これは必要だから作ってきたんだけれど、それを作りながら一方である疑問、別なあり方というのがあるのではないかと、模索してきた。それは、今の認識の系統指導というと、まず「比較」だとか「順序・理由・類別・条件」そして「構造・関係・機能・選択」とかいうふうにして、その学年に合わせ、レンガをつみあげていくような形に指導も段階的になっていた。これで合理性があるし、多少の手直しはしても実践的にもやりやすいと思う。

ただ、私はある一つの別な疑問があって、それを模索している。

それはどういうことかというと、「比較」をやって、それから「順序」や「理由」「条件」をだんだんとやっていくのではなくて、一年生から、全部指導する。全部というとちょっと言い方が大ざっぱだけれど、一年生から

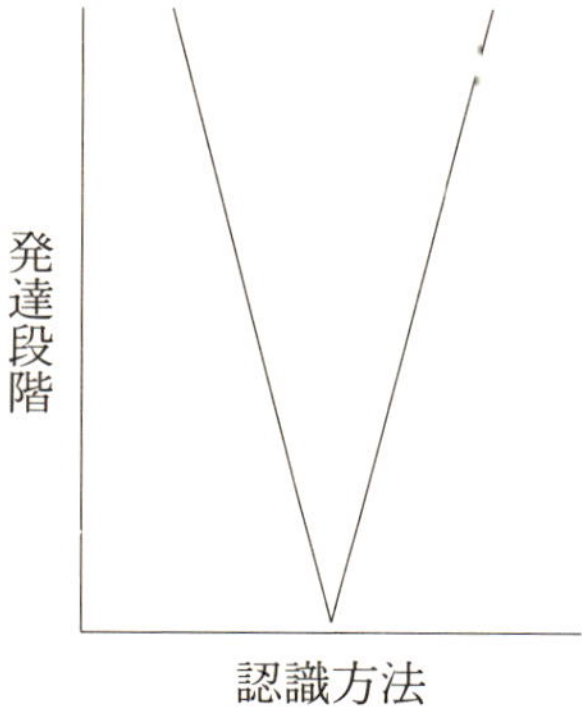

系統的指導

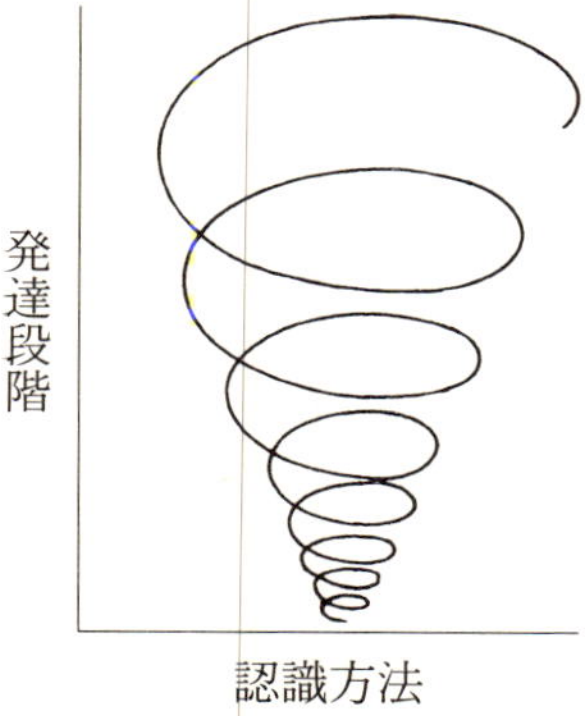

螺旋的指導

やさしい形で「類比」も「対比」も「条件」も「仮定」も「構造・関係」も、素朴なやさしい形で指導する。二年三年になったら、今度は少し程度の高い形でする。二つの見方を組み合わせて、らせん状に高まっていく。最初からそうやっていくというやり方が理論的にありえるわけです。ただそれが現実的に学級というものの実態と合わせて可能かどうかということが、実践的に検討されなければならないわけです。それで私は、ひとりの子どもで三歳のときからそれをやってみた。その結果できるということがわかったのです。非常に素朴な非常に基本的な形でやった。そうすると、つまり今までの認識の系統指導から言えば、「矛盾」というのは、六年生になってやることになっているのですが、五歳・六歳でもそれができる。なぜなら「対比」というのがわかれば、一つのものの中での「対比」ということがわかれば、それは「矛盾」がひき起こされると実感できる。それを「矛盾だ」ということを逆に教える。まざまざと私はひとりの子どもを実験台としてわかった。ただしこれは一つの例にすぎない、つまり特殊な場合です。

　だから、「できるだろう」ということと、一般化ができるということとの間で、まだ迷っている。たった一つの実験例だから、まだ一般化できない。それを、いつ、どのように実験できるのか、今、具体的な案がないんだけれど、そういう可能性がある、ということは言えると思う。ただ、それは公教育の場合、特殊なやり方になりはしないか、やはり今の段階的な指導がいいのではないか。しかし、一方実際に私が授業をしたりしても、発達段階を超えたことをもってきても、やれそうだ、やれるんじゃないかと思うことがたびたびあるのです。これが悩ましい問題で、これからもっとつきつめていかなければならないことだと考えています。理論的には二つの方法があり得るわけで、実践的には可能か、あるいは一般化できるか、そこの問題です。

他教科との関連・系統指導を視野に入れて

野澤　関連・系統指導について最後にお聞きしたいんですが、文芸研は、国語科の全体像といいますか、文芸と説明文、そして作文、国語科の関連・系統だけでなく、他教科との関連という面を打ち出してきていますね。社会科とか理科、その辺の実践については、どういう見通しをもっていらっしゃるのでしょう。

西郷　私自身そういう授業は一、二例しかやっていない。私の授業記録集の3『「気のいい火山弾」全記録』の時に、理科との関連で二時間の理科の授業をした。その時も数日間、泊まり込んで十数時間の連続した実験授業という条件の中でのことです。

本当に一、二例だけれど、国語科と理科の関連は、実践されている。そのことは、その他の教科でも理論的に可能なのです。

たとえば、「条件」という見方・考え方を国語でずっと指導してくる。これは算数でもあるわけだ。三角形の合同というのは、どういう「条件」のもとにおいて、合同かと。そうすると、二辺と狭角が等しいとか、二角と狭辺が等しいとか、三辺が等しいとか、こういう「条件」がそろった場合に合同といえる。理科なら種子が発芽する、「発芽の条件」、種子にとって何が必要か、必要にして十分な条件、どれ一つ欠けても発芽しない。全部の「条件」がそろってないと発芽しない。では何が必要かというと、水がないと発芽しない。空気は必要か、それを調べるのに水の中にしずめておく。水の中に入れておくと呼吸ができない。種子は生きているから呼吸が必要なわけで、したがって発芽しない。次に日光はどうだろう。日光はなくったって成長する。栄養はどうだろう。栄養はいらない。なぜかというと、種子は発芽に必要な栄養を自分の中に持っている。あとは何か。温度なんだね。他にはない。

これだけの「条件」がそろえば、種子が死んでなくて生きていれば、発芽する。これが「条件」です。私は理科の教科書を調べてみました。認識の系統表についていろいろ研究している時にです。発芽のことはどの教科書にも出てくるんだけれど、それを「条件」という言葉を使って説明している教科書はたった一つしかなかった。あとは「発芽のために必要なことは何でしょう」となっている。これでも、わからないことはないが、認識論的には、「条件」ということばを使う。「成長の条件」とか「発芽の条件」などです。

社会科でも、たとえば、高知県になぜハウス栽培がさかんなのか。ハウス栽培が成立するための「条件」です。気象、風土などの「立地条件」、いろんな「条件」がととのって、ハウス栽培が成立するわけです。

そういうふうに考えていくと、他教科でも条件的に見るという考え方を共通して指導する。そうすると、一人の小学校教師が八教科やっているのですから、一時間目に理科やって、二時間目に国語やって、三時間目に算数やって、三年生なら三年生の段階で、「条件的に見る見方・考え方」が全部横につながり、横に関連させることができる。これは非常にうま味のあるやり方なのです。

それが、今までは、理科のときは理科の授業、国語のときは国語の授業と、ばらばらなやり方だった。それぞれ教科は独立していて、それぞれの課題はあるわけだけれど、やはり共通して、一人の教師が一つのクラスを教える中で非常にうま味のある授業、うま味のあるやり方でやってほしいと思うのです。

野澤　先生自身のいろいろな授業の中で、たとえばこの方での先生の授業を例にとって見ますと、「根」の授業なんかでもあの詩を出されたときに、光合成の問題、理科の科学的なこととかかわらせてやられたことが、あの詩の目に見えない根と目に見える幹とか葉とかとの相関関係を通して、陰の存在の価値とかを子どもたちがとらえていったと思うんです。その辺が私らにも学ぶところが多く、実践に生かしていかなければならないのですけれど、一番端的にあらわれている説明文の教材で自然の問題とかそういうものについては、文芸研の中でも実践が出てきていると思いますが、これから、ますますその辺をやっていかなければならないという情況の中で、今度の広島大会で、文芸研が「今日の教育問題にどう応えるか」というテーマで取り組んだのも、その関連・系統指導ということにかかわって出されていると思う。

西郷　民間教育団体というのは、だいたい教科別になっていますね。それはそれでいいのだけれど、同時に全教科、横につなげる発想というものがないといけないと思う。たとえば、性教育というのはどこに入るのか。理科でもあるし、社会科でもあるし、となってしまう。そのように、分けて考えるのがおかしいのであって、すべてのものはつながりあって、かかわりあって、トータルとしてあるんだというそのような教育の構造を考えていき、そういう形で教師が指導にあたっていかなくては、子どもの知識もばらばらになってしまう。

だから、一応テーマはばらばらだけど、横にずっとつながっている。人間観・世界観・認識の方法、そういうもので一体化する。そういうものがないと子どもたちに、確かな認識の力をつけることはできない。そういう意味で、文芸研として、少なくとも向こう三か年は広島大会で掲げた課題についてわかろう、まずは実態を調べて、その次に、それをもとにねり上げていこうと考えているのです。そのときでも認識の関連・系統指導というのが土台にならないといけないのですね。

文芸研大会（アピール・総括）

文芸研の歴史を「総合学習」への足取りととらえる観点から最近二十年ほどの間の文芸研の全国大会がいかなる研究テーマを設定して開かれてきたか――そのことにかかわって、大会にむけての西郷のアピールと大会総括の文章の一部を引用しておきます。（なお傍線は現時点において、「総合学習」との関連を示すものと考えられるところに西郷が引きました。）

第17回東京大会（一九八二年）

本年夏の東京集会は、これまでの研究実践を総括した形で全体会、分科会が企画されました。幼・小・中（高）の発達段階に即して、学年別に分科会を構成して、言語・文法、説明文、文芸教材、作文の指導をどのように関連させつつ系統化するかを、理論的・実践的に明らかにすることが今回の研究テーマとなります。

三日目の全体会は午前中、科学的認識（あるいは科学教育）と芸術的認識（あるいは芸術教育）というテーマについて各界の第一人者をお呼びしてシンポジウムが行なわれます。

シンポジウム　「科学的認識と芸術的認識」
箕田源二郎（画家・新しい絵の会常任委員／著書『芸術の心をたずねて』新日本出版他）
真船和夫（東京学芸大学名誉教授／著書『新訂理科授業論』明治図書他）
西郷竹彦（文芸学者）

第18回山口大会（一九八三年）

本年の全国大会も昨年の大会にひきつづき、関連・系統指導のあり方を理論的・実践的にあきらかにするために、いろいろな角度から追究することになりました。

この学年でどのような認識と表現の力を育てるか　この課題のもとに、様々な領域をどのように関連づけて、どのように指導するか。このことを具体的に実践を出しあって討議をふかめたいと考えております。

根本的には、子どもたちのものの見方・考え方——つまり自然や社会、歴史、人間についての認識——をより深いものに変革することで子どもたちの生活と行動を変える以外にないと考えています。

いまの子どもたちは価値観を失っているといわれています。ものごとの本質とその価値について深く正しい認識を育てることなしに子どもを変えることは不可能です。

いまこそ私たちは、平和とは何か、それはいかにして可能か、また、人権の尊厳、労働の本質、さらに愛というものについて、仲間（集団と個）のありようについての認識を日々の授業の場で培い育てることを真剣に問いなおすべきではないでしょうか。

第22回京都大会（一九八七年、総括 上西信夫）

今年の大会テーマは《人間観・世界観を育てる国語教育》であった。基調講演で西郷先生は、文部省「学習指導要領」に代表される人間不在の言語技術主義、読解主義の国語の授業を厳しく批判し、正しく深い人間認識の力を育てる文芸研がめざす国語教育の独自性・正当性をアピールされた。

また、人間観をより深いものにするためにその基盤ともいうべき世界観をどのように育てるか。そして、他教科との関連ということを考えてこれからの国語科のあり方を確かめることの重要性を強調された。『気のいい火山弾』（西郷竹彦授業記録集③、明治図書）が出版されて一年たつ。文芸研でも他教科との関連を本格的な課題として追究していくことになり『国語の手帖』でも近々その特集が組まれる。会員諸氏は世界観と認識の方法を軸にした他教科（主に理科・社会科）との意図的な実践に挑んでほしい。

第24回神戸大会（一九八九年）

私たち文芸研は、文芸的人間観・世界観を育てることを中軸として、同時に理科や社会科その他の教科教育と手をたずさえて、望ましい人間観・世界観を育てることを願っています。

そのために、認識の方法（ものの見方・考え方・わかり方）によって、すべての教科教育を横に関連づけることを試みてきました。

とはいっても、まだそれは始まったばかりです。三千人集会をめざす神戸大会には、文芸・芸術・科学の分野の第一人者といわれる方々を講師にお招きし、また、分科会はまる一日の時間を費やして、この研究テーマにふかく迫ってみたいと考えております。

第26回札幌大会（一九九一年）

当然のことながら、人間観・世界観は文芸の授業という枠の中だけで教え学ばせるものではありません。説明文の授業をふくむ国語科の全領域でなされるべきです。いや、むしろ、人間観・世界観の教育は、理科や社会科その他の教科、そして、子どもたちの生活そのものにおいても、たがいに関連づけてなされるべきものなのです。

そのため私どもの大会では、文芸の分野だけでなく、広く、芸術や科学やその他の分野での第一人者の方々を記念講演の講師としてお招きしているのです。

人間とは何ぞや。人間にとって愛とは、信とは、幸福とは……。人間にかかわる、ありとあらゆる問いを哲学も宗教も、科学も、そして文芸もさまざまな角度から問いつづけてきました。

三日目の問題別分科会は、今年より新たに設けられたものです。いま、日本の教育界は様々な問題に直面しています。今年の大会では、七つの分科会に分け、まず、それらの問題をどう捉えればよいか、また、どういう方向で克服すればよいかを明らかにしたいと考えました。そのために、各分科会では、その領域で研究と実践を続けておられる方を共同研究者としてお招きしました。

第29回広島大会（一九九四年、総括　藤井和壽）

今年の大会の大きな特徴は、三日目に問題別分科会を設けたことです。〈平和〉〈人権〉〈性〉〈環境〉〈生活科〉などの分科会をもち、「今日の教育課題にどう応えるか」という大会テーマを深めるよう企画しました。

一日目。西郷会長より本大会のテーマを深める基調提案がありました。文芸研がなぜ一見国語科とは関係ないような問題と取り組むのかを明らかにし、今後二年間で、それぞれの分野について文芸研としての見解を提案していけるようにしたいという方針の提起がありました。また、教育課題に応えていくために、社会科学、自然科学、哲学、宗教などあらゆる人類の成果を視野に入れる必要性が「やまなし」（宮沢賢治）をテキストにして、具体的に提起されました。

三日目　問題別分科会

大会テーマともかかわり、平和、人権、性、環境、「生活科」など七つの問題別分科会は、三年目を迎えました。過去二年間は他の民間教育団体の援助も受けながら、文芸研独自の理論を模索してきました。今大会では学んできた成果をもとに文芸研としての実践を提案しました。

各分科会の中での成果は次の通りです。

① それぞれの分野を認識の方法で系統的に学ばせる筋道をつくることができた。

② 文芸研が長年培ってきた人間観・世界観によって、それぞれの分野にかかわるより豊かな認識内容を子どもたちに身につけさせることを実証できた。

③ 国語科や理科・社会科などとの関連指導など文芸研が試みた指導方法を生かし、豊かな実践を提案できた。

第31回岡山大会（一九九六年、平和分科会報告者　野澤正美）

国語科と社会科を関連させた授業の必要性（感性的認識から理性的認識へ）。

語り継ぐ戦争体験から問いかける戦争学習へ（被害体験と加害体験の両面から戦争の本質をとらえる）。

この二つの課題を学習の主な視点にすえて、文芸研としての平和教育の実践提案をしたいと思います。

文芸教材としては、「川とノリオ」と「石うすの歌」を取り上げ、関連・相関・比較（類比・対比）というもの見方・考え方を軸に、戦争の非人間性をとらえ、苛酷な状況の中から立ち上がり、主体的に生きていこうとする人間の真実の姿をとらえさせていきました。

それと同時に、社会科での授業では、地域の中から戦争を問い直すことから、地域の墓調べや枚方の禁野火薬庫や香里火薬庫が日本軍の砲弾の半分近くを製造していた事実から、アジアへの侵略戦争の実態を明らかにしていきました。

国語と社会の関連を通して、戦争の被害体験と加害体験の両面から戦争の本質を再確認し、日本国憲法とも関わらせながら、平和に対する子どもたちの感想を作文にまとめていきました。

この問題別分科会では、この実践をたたき台にして、「日の丸・君が代」問題、日本国内の米軍基地問題、核兵器や原子力発電所の問題等、参加者のみなさんと意見交流を含め、学び合いたいと思います。(『文芸教育』73号　一九九六年八月)

第31回岡山大会（一九九六年、生活科分科会報告者　宮宗基行）

「生活科」が導入されて、すでに四年たちました。文部省は、「生活科」を通じて「子どもたちに意欲・関心・態度を育て、個性的な子どもの育成」をスローガンにかかげました。しかし、現在、現場では「生活科」をどのような教材で、どのように指導していけばよいのか困っています。その結果、次のようなパターンの授業になっているようです。

① 子どもが喜びそうな行事をこなすイベント主義の「生活科」。
② 動植物を観察し、その様子から感謝のおしつけ・マナー教育の「生活科」。
③ 授業のすすめ方に不安があるため、教科書どおりにする教科書コピー型の「生活科」。
④ 子どもたちの興味・関心・意欲を大切にするということから、ほとんど指導しない教師の指導性放棄の支援

型「生活科」……など。

このような「生活科」では、子どもたちにどんな力がつくのかという疑問の声をたくさん耳にします。

そこで文芸研では、今の「生活科」の問題点を明らかにし、「生活科」を通じ「ものの見方・考え方」を育てながら、科学認識や社会認識を身につけさせたいと考えています。そのため、次のような点をふまえた「生活科」を提案します。

① 幼・低・中・高学年の系統性をふまえた「生活科」。

② 他教科との関連（総合）学習としての「生活科」。

③ 体験学習から社会認識・科学認識を育てる「生活科」。

④ 物を作ることから科学認識を育てる「生活科」。

⑤ 社会科や理科（三年生へつながる）を見通した「生活科」。

このようなポイントをふまえ、地域の自然・社会・生活・文化を教材にしながら、どのようにして社会認識や科学認識を育ててきたか。具体的に実践を提案します。みなさんといっしょに考え、深めていけたらと思っています。（『文芸教育』73号　一九九六年八月）

文芸研の歴史をかえりみて

〈関連系統指導〉〈他教科との関連〉〈人間観・世界観を育てる〉〈ものの見方・考え方〉というキーワードが、文芸研の全国大会の呼びかけの西郷の文章にくりかえされております。

この歴史は、いわばあるべき「総合学習」へむけての里程標であったと言えましょう。

関連系統指導についての評価

文芸研の関連系統指導に基づく「総合学習」への足取りについて、各方面よりの評価がなされていますが、その一端を次に紹介しようと思います（傍線は西郷）。

『文芸教育』第77号（明治図書、一九九九年九月）に寄稿された鳥取大学の松崎正治氏の論稿を紹介します。

1　教材や取り上げるべき生活現実の系統化は難しいが、教育内容としての教育的認識論は、系統化できるし、また文芸研はそれを実践的に確かめてきた。その系統は、次のようになっている。

《小学校》

・観点　・比較　・順序　・理由　・類別　・仮定　・構造、関係、機能　・仮説　・選択　・関連、相関、類推

《中学校・高校》

・多面的、多元的、整合的　・論理的、実証的、仮説的

・主体的、独創的、典型的　・批判的、発展的、弁証的（『全集4』恒文社、一九九六年、四一〜四三頁）

戦後の新教育が学力低下等の様々な批判を浴びた背後には、教育内容が明確でなかったこと、またその系統化も十分でなかったことがある。したがって、教科としては国語、社会、算数・数学、理科等と分かれているが、認識として分かちがたいこれらの教育的認識論を骨太な教育内容の筋にしたい。

2　次に、地域教育計画のように、地域の課題に取り組みながら、それを通して深く地域のことを考えたり、さらにはそこで培った考え方をもとに地球的規模の課題を考えたりするような主題を構成したい。たとえば、『文芸教育』No.六七（一九九三年一一月）の「自然と人間・共生の思想を育む」（角谷隆）という実践報告をみてみ

よう。札幌市付近では、ゴルフ場・スキー場建設反対運動、市内を流れる豊平川をサケがのぼる川にしようという運動等がある。そこで、小学校四年で、自然と人間の関係を認識の内容とし、この認識の内容を関連させて授業を考えたという。はじめに国語の授業として、「きりかぶの赤ちゃん」（光村一年）を用いて人間と自然との共生について考え、それから説明文教材「森林と水」（学図四年）で森林のもつ力、働きによって私たちの生命が守られていることを考えた。この学習の中で、「構造、関係、機能的にみる・考える」、「比較してみる・考える」、「仮定的にみる・考える」ということを学んでもいる。そして社会科では、ゴルフ場問題を取り上げて、人間と自然との関係について考えている。

3　さらに、日本教職員組合の提言にあったような現代的・地球的規模の問題群を考えてみたい。文芸研は、一九九四年の第二九回大会から、平和・人権・性・環境等の問題別分科会を設けている。教科をふまえつつも、教科では十分に扱えないような問題を取り上げていく必要があるだろう。たとえば、上記の他に、生と死、食、生産と消費と廃棄等も考えられよう。

4　これらの課題が、各教科とどう関連するのか。各教科内容の系統との関連を見いだしていく作業が、今後必要であろう。（鳥取大学教育地域科学部　松崎正治）

西郷と文芸研のこれまでの歴史を、「総合学習」への里程標として論究された島根大学の足立悦男氏の「文芸研の『総合的な学習』」と題する評価を次に紹介したいと思います。『文芸教育』第78号（明治図書、二〇〇〇年二月号）のシンポジウムへの寄稿です。足立氏は広島大学教育学部の大学院生時代より西郷と文芸研に深い関心を寄せられ、西郷の『全集』（恒文社）の編集を責任をもってしていただいた方でもあります。文芸研の歴史を総括するのにふさわしい論者といえましょう。

文芸研の歴史への評価

（前略）

2 文芸研の「総合的な学習」

教育研究には課題が必要である。一九八〇年代から九〇年代にかけて、文芸研の場合、どのような課題に取り組んできたか。『国語の手帖』（明治図書）には、連続して次のような特集が組まれていた。

・平和をどう教えるか（8号 一九八七年）
・人権をどう教えるか（9号 一九八七年）
・労働をどう教えるか（10号 一九八七年）
・子どもの世界観を育てる（11号 一九八七年）
・仲間をどう教えるか（12号 一九八七年）
・愛をどう教えるか（13号 一九八八年）
・「いのち」を教える1（23号 一九八九年）
・「いのち」を教える2（24号 一九八九年）
・人間観・世界観を育てる教育（25号 一九八九年）
・「いのち」を教える3（26号 一九八九年）
・「いのち」を教える4（27号 一九九〇年）
・「いのち」を教える5（28号 一九九〇年）

文芸研は、その頃、国語科において「人間観・世界観の教育」という課題を追求していた。

また、『国語の手帖』には、次のような特集も組まれていた。〈巻頭の西郷論文のタイトル〈特集のねらい〉も紹介しておく。〉

・国語科・理科の関連指導1　他教科との関連・系統指導をめざして（14号　一九八八年）
・国語科・理科の関連指導2　自然のより深い認識のために（15号　一九八八年）
・国語科・社会科の関連指導1　社会科との関連指導（16号　一九八八年）
・国語科・社会科の関連指導2　社会科との関連のめざすもの（17号　一九八八年）
・国語科で確かな自然認識を1　自然を知らぬことの不幸（19号　一九八八年）
・国語科で確かな自然認識を2　自然に学ぶということ（20号　一九八九年）
・国語科で確かな社会認識を1　社会認識を育てるということ（21号　一九八九年）
・国語科で確かな社会認識を2　文芸的な歴史・社会認識とは（22号　一九八九年）

国語科の関連・系統指導は、当時の文芸研の取り組んでいた、もう一つのテーマであった。いずれも、現在の文芸研に到達するための実践研究の特集であった。そして、これこそ、いってみれば文芸研の開発した「総合的な学習」であった。

「平和・人権・労働・仲間・愛・いのち」というテーマは、戦後の民間教育運動の目標としてきた主要なテーマでもあった。文芸研の場合には、人間観・世界観を育てる教育という大きな目標に向かって、これらのテーマは統一的に考えられていた。国語科の文芸教材・説明文教材に内在する価値を、「平和・人権・労働・仲間・愛・いのち」といったテーマによって最大限に引き出していく試みである。

また、国語科の関連・系統指導の試みは、文芸研の開発した「認識・表現の力を育てる関連・系統指導表」の成立によって可能となった。観点、比較・順序・理由・類別・条件・構造・選択・仮説・関連などの「認識の方法」を軸として、国語科と他教科との「総合的な学習」の構想であったといえる。(中略)

私は、かつて、文芸研の八〇年代の実践について、「国語科から世界が見える」(『国語の手帖』二八号 一九九〇年)という文章を書いたことがある。ちょうど、文芸研が〈国語科の全体像をめざして〉という大会テーマをかかげた頃である。当時、『国語の手帖』には、社会とは何か、自然とは何か、生命とは何か、といったスケールの大きなテーマの実践が多くみられた。はじめに紹介した、平和、人権、労働、仲間、いのち、といった特集がそれである。また、理科との関連指導、社会科との関連指導の追求もそうであった。『国語の手帖』には、文学者との対談だけでなく、伊藤和明・小原秀雄・中村桂子氏など、自然科学者との対談も多く載っていた。文芸研の広い関心(課題意識)を示していた。「人間観・世界観を育てる教育」をめざしていたからである。

また、私は、文芸研の系統表(認識・表現の力をそだてる系統表)については、国語科の授業構造を、より「確かなもの」にしていく試み、と評価してきた(「文芸研の系統表の提起したもの」『文芸教育』七七号 一九九九年)。

西郷氏は、「のぞましい、あるべき総合学習をめざして」提案されている。そのために、「まとめ」として、すべての教科の系統指導を確立すること、人間観・世界観の教育というねらいをもつこと、全人類的課題へと方向づけること、そのためには文芸研の開発してきた〈ものの見方・考え方〉を軸とした関連・系統指導の原理をふまえること、を提案されている。いずれも、文芸研の実践研究の主要な課題であったものばかりである。

文芸研の「総合的な学習」は、はじめにみてきたような先進校の現状、体系なき総合的な学習、思想なき総合的な学習とは違い、独自の思想と教育体系とに裏づけられた実践研究から生まれようとしている。(後略)

(西郷竹彦)

第二章　「総合的な学習の時間」批判

方法知か内容知か――児島邦宏氏著『総合的学習』批判

「総合的な学習の時間」の本質を明らかにし、その批判的検討を通して、私どもが主張するあるべき「総合学習」のあり方をさぐるために、東京学芸大学教授の児島邦宏氏の著書『総合的学習』（ぎょうせい、一九九八年）を取り上げました。

児島氏は著書の「まえがき」に次のように記しています（傍線は西郷）。

> 中教審の専門委員として「総合的な学習の時間」の創設を提言し、また文部省の教育研究開発学校の協力者会議のまとめ役として、総合的学習の研究開発を推進し、支援してきた立場から、その創設の背景を含めて、「何なのか、なぜ創設されたのか」に可能な限り答えたいと考え、小著を急ぎまとめたものである。
>
> このことによって、総合的学習の意義と性格、その必要性、今後の実践の方向が、いささかでも明らかになればと願っている。また、諸々のあいまいさや課題も内包しているだけに、多くのご批正をあおぎたいと願っている。

「総合的な学習の時間」論批判の対象として児島氏の著書を取り上げることが最も適当と判断した理由をわかっていただけると思います。

児島氏は同書においてくりかえし方法知と内容知の問題を取り上げ、前者が後者に優先すること、前者を重視することの理由をあげ、そのことによって氏の提唱する〈総合的学習〉とは何かを具体的に述べています。

その他、いくつかの問題点がありますが、とりあえず最も肝心と思われる方法知と内容知の問題に焦点をしぼって検討批判をすすめたいと思います。

まず児島氏の意見を二、三順序不同で列挙しておきます（傍線は西郷）。

　学校という教育の場で扱われる知識・情報さらには広く文化というものを、「学校知」と称している。世の中には、きわめて豊富で多様な知識・情報・文化が存在するが、この世間や社会の中から、ごくごく限られた知識・情報・文化を選びとり、それを学校に持ち込んだのが「学校知」である。世間から学校に持ち込むに当たっては、何らかのフィルターあるいは視点が必要である。一般にそのフィルターとは、「教育的価値」の高さによっている。

　「教育的価値」といっても、そこには社会的な背景がある。今日的には、「内容知」から「方法知」への転換が、一つの大きな課題である。それともう一つは、子どもにとっていかなる教育的価値が意味をもつかである。この点から見て、人間知の回復をどう図るかが大きな課題である。いいかえれば、学校知の活性化を図り、「真の学び舎」としての学校にどう再編していくかが、学校パラダイム転換上の第二の課題である。

〈「内容知」から「方法知」への転換が一つの大きな課題である〉と主張されています。

次に内容知と方法知についての説明があります（傍線は西郷）。

> **内容知から方法知への重心の移動**
>
> 知識の存在形態としては、大きく二つがある。一つは、我々が外界の事物や事象について認識した結果としての知識である。「～はこれこれである」「～とは何々である」という「知りえたもの」がそれである。これを、「内容知」と称している。学校において、一般に「知識・理解・技能」と称しているものは、この内容知を指している。もっといえば、知識伝達主義、知識偏重主義といわれるものは、この内容知を伝達し、「覚える学習」を指し、これまでの学校知の中心をなしてきたものである。
>
> こうした内容知を伝達し、それを覚える学習は、今日、大きな壁にぶつかっている。一つには、多情報化社会の中で、次々と数限りなく知識や情報が生み出され、この知識や情報の習得を重視していく場合、覚えることがあまりにも増大してきたことであり、知識の詰め込み主義の教育が、ますます強められてきたことである。
>
> 第二には、社会の変化があまりにも大きく、知識や情報が次々と新しく生まれる一方で、その知識や情報がすぐに陳腐化していく状況が生じてきたことである。したがって、一生懸命に知識を覚えても、それが一生、その人の人生を支える力になるとは保証できなくなった。「そんな考えは古いよ。昔はそうだったんだけど……」と片づけられるとしたら、一体、その知識とは何であり、何のために学んだのだろう。

〈知識伝達主義〉〈知識偏重主義〉〈覚える学習〉〈知識の詰め込み主義の教育〉が内容知の伝達という学習のあり方として批判されています。

〈内容知〉の〈覚える学習〉の批判につづいて児島氏は方法知の学習こそが重視されるべきことを次に提唱します（傍線は西郷）。

こうした内容知を覚える学習の行き詰まりの状況が明確になってくるにしたがって、その克服の方途が模索されてきた。そこで登場したのが、内容知を厳選し、いかに学ぶか、どのように対象に迫っていくかという学びの方法、学び方にかかわる知識や技術の重視である。知識や技能自体をどのように獲得していくかという学習の方法にかかわる知の形態で、これを「方法知」と称している。

内容知はどんどん変化しても、方法知自体はそれほど変わるものではない。「生きる力」の知的内容として、考える力、判断力、問題解決の力等を求めているが、これらは方法知そのものである。方法知こそ、学校知の中核をなすものとして重視されてきたわけである。この方法知を中核とする学力こそが、自ら意欲をもって学び続けるための基本的な能力となる。それはまた、生涯学習の基礎をなすものである。学ぶことを自分のものにするために不可欠なものが、方法知だというわけである。

もちろん、内容知はどうでもいいというわけではない。たとえば、ことばの力がなければ、豊かな言語の表現力など期待できないのは当然である。それ以上に、社会の中で生きていける生活力すらおぼつかない。その意味で、本当に必要な基礎・基本に内容知を厳選し、ゆっくりした子どものペースで、子ども自身の力で、考えをめぐらした方法知の獲得に重心を置こうというわけである。その限りで、内容知に関する限り、知識量としての学力は低下することにもなるわけである。

ここでも氏は〈方法知こそ、学校知の中核をなすものとして重視されてきた〉と言われるのです。〈内容知〉の学習である教科学習は〈受動的な暗記主義〉に陥ってしまう。また〈変化の激しい社会〉の現実に適応しないものになってしまっている、さらに、〈覚える学習〉から〈自ら学ぶ学習〉〈学び方の学習〉への転換を求められるとして、次のように説明しておられます（傍線は西郷）。

問題は、教科学習が多かれ少なかれ、実際の身の回りの社会生活とのかかわりを弱めたり、無関心を強めることともなってくるという点である。その結果、学ぶことからリアリティが失われ、学習は単なる机上の習いごととなり、受動的な暗記主義に陥ってしまう。変化の激しい社会の中にあって、その社会の現実から子どもは隔絶され、生きる力を失うことにもなりかねない。学校を終えて、はじめてこの社会の激しい変化に直面したとき、子どもは身をすくめ、立ちつくしてしまう。さらには、世に出ることをおそれ（モラトリアム人間）、今のまま、子どものままで保護されたいと願う。社会的自立の遅れ、喪失である。

変化の激しい社会を「主体的に生きる」には、この社会の現実を見て取り、判断し、行動し、その行動に自己責任をもつことこそ必要となる。知の人間化を図り、学ぶことが自分を支え、確立していく実感を味わう学習が必要となってくる。さらに、「覚える学習」から「自ら学ぶ学習」あるいは「学び方の学習」へと、学びの構造自体を転換するに及んで、教科を含めて、教育課程の全体的な構造の転換が求められている。その全体的構造とは、次のような軸から成り立っていくものと考えられる。

次に児島氏は、〈めまぐるしく変化する社会とは必ずしも関係なく学校知は編成〉されているとして、社会の変化に主体的に対応していく学習の場面を教科等との学習とは別に設定しようと言います（傍線は西郷）。

めまぐるしく変化する社会とは必ずしも関係なく学校知は編成され、それを学んだ子どもは、はたして社会の変化に応じ、自立して生きていけるか（生きる力）という問題が生じたわけである。ぬくぬくとした学校世界から突然、激しい世の変化に子どもがさらされたとき、はたして子どもは自立して生きていけるかどうかである。しかも、世の変化は、ますます激しさを増すだろうと予想されている。

そこで、教科内容、教科等の構成それ自体の再編、統合は今後検討していくとしても、社会の変化に対応していく力の育成は、先延ばしはできないことから、社会の変化に主体的に対応していく学習の場面を、教科等との学習とは別に設定しようというわけである。教科の学習を大事にしながら、他方で生きた今日の社会ともかかわり合っていく学習として、総合的な学習が設定されたわけである。

「総合的な学習の時間」が創設された背景の大きな理由は、「学校知の組みかえ、再編」の必要性が生じたことによる。さらにそこには、二つの大きな課題がある。一つは、めまぐるしく変化する社会の変化と教科・領域を中心とする学校知との「文化的遅滞（ずれ）」が生じ、その間隙をどう埋めるかという課題である。もう一つは、体験の喪失という子どもの生活の在り方、育ち方の変化によって、学習と生活とが遊離し、学ぶこと自体の意味が問われてきたという問題がある。

〈学習知〉（つまり〈内容知〉）が〈社会の変化に対応〉できなくなっていると言うなら（私もそう思いますが）、なぜ〈学校知〉そのものを〈社会の変化に主体的に対応〉していくものとして変革する方向を考えないのでしょうか。

学校知（内容知）をそのままの状態に放置しておきながら、〈総合的学習〉への道へ走るとしても、結局は教科学習ともども〈総合的学習〉もロクなものにはなりえないでしょう。

児島氏は、〈内容知よりも方法知を重視する〉旨を再三、述べておられます。その箇所を二、三次に列挙しておきます（傍線は西郷）。

総合的学習は、どちらかといえば、内容知よりも方法知を重視する。極端にいえば、方法知中心で内容知はどうでもいいという様相すら呈する。つまり、変化する社会の課題に立ち向かうには、地域なり身の回りの生活の問題を手がかりに知ることから出発する。しかしそのことは、地域の物知り、生活の物知り（内容知中心）を育てるためではない。身近であり、既知のもので慣れ親しんでいる内容を媒介としつつ、または手がかりにして、いかにして変化する社会に立ち向かうか、いかにしてとらえるか（方法知）を身につけるためである。あくまで、対応の方法を学ぶことが主眼となる。

変化する社会の課題に立ち向かった結果として、新しい知識や知見が自ら獲得されるのは確かであり、そのような内容知はしっかりと身についていく。したがって実際には、方法知中心といっても内容知が同時に伴うわけで、そのことを否定するものではない。ただ、総合的学習では、方法知を獲得することが主であり、それに付随して内容知が獲得されるという関係としてとらえられていく。もしくは付随的に得られた内容知のいかんは問わない、重視しないという考えをとり、複数の結果なり、知見を当然のこととして受け入れる。

児島氏は〈内容知〉を〈否定するものではない〉と述べながら、しかし、やはり、〈総合的学習では、方法知を獲得することが主であり〉、〈付随的に得られた内容知のいかんは問わない、重視しない〉と結論されるのです。

したがって〈総合的学習〉によって得られた内容知が、たとえ〈複数の結果〉、つまり、あれやこれやの〈結果〉や〈知見〉がなくても〈当然のこととして受け入れる〉とまで極論されれのです（傍線は西郷）。

この「確かな知性」の育成こそ、総合的な学習の時間に最も期待される面でもある。すなわち、「知識内容を教え込むのではなく、情報の集め方、調べ方、まとめ方、報告や発表・討論の仕方などの学び方やものの考え方の習得を重視し、主体的な学習を推進する」ものとして強調している。つまり、学び方、考え方といった方法知を中軸とする知性の教育がめざされている。

極端な言い方をすれば、個別の知識はどうでもよい。つまり内容知はどうでもよい。それより大事なのは、知識を獲得する方法であり、考え方・判断力であり、さらに実践力である。

方法知のみを重視する氏の立場は、結果として〈内容知はどうでもよい〉とまで強弁されることになるのです。

これまでの教育が内容知（西郷の言う〈認識内容〉と考えていい）にかたよっていたという児島氏の指摘は、ある面では、そのとおりであると言えます。知識の教育、知識の詰め込み教育という批判もあたっています。その極端な場合は単なる暗記中心のガリ勉ということになるでしょう。

たしかに児島氏の批判のとおり、今日の教育は入試制度のあり方によって内容知にかたよらざるをえない事情もあったと言えましょう。

しかし、だからと言って、〈「内容知」から「方法知」への転換が、一つの大きな課題〉と結論されると、承服しかねるのです。

児島氏は方法知か内容知かと二者択一の態度を一貫して取り、むしろ、方法知を重視する立場を取っておられます。

私は、内容知と方法知を対立するもの、矛盾するものとしてではなく、したがって、いずれを重視するかではなく、いずれをも、同等に重視すべきであるという立場に立ちます。

本書に、すでに引用紹介した西郷の文芸研全国大会の基調提案の中でふれた「虫と花」の話題（二十四頁）を思い出していただきたいのです。

〈相関〉という〈ものの見方・考え方〉（認識方法―つまり児島氏の言う方法知）によって、花と虫の間に「もちつもたれつ」の共生の関係をわかることになります、このわかったこと（認識内容―内容知）は知識・思想となります。

この認識方法（方法知）と認識内容（内容知）は表裏一体のものであり、切りはなしえないものなのです。

認識方法（わかり方―方法知）

↓

認識内容（わかったこと―内容知）＝知識・思想

認識方法と認識内容をともに学び取ることが認識の力となるのです。そして、この認識の力が、さらに、他の植物と動物の間に、本質において、おなじような相関関係（共生）があることについて「発見」する土台ともなるのです。

児島氏は、内容知（知識・技能など）は、たちまち古びてしまって、せっかく、子どもたちが学校で学んでも社会に出るころは何の役にも立たないと言われます。

しかし、それは、そのような内容知（知識・技能）を学校にもち込んだことに責任があるのです。たとえば「花と虫」の話題で西郷が記述したような植物と動物の間の共生の関係についての知識は、一朝一夕に古びるものではありません。要は、十年二十年で古びてしまうような内容知を切りすて、子どもたちが将来においてもなお拠りどころとして生かすことのできる内容知を厳選し、教材化すべきではないでしょうか。

児島氏自身、小・中学校、高校、大学で学習された内容知のうち相当な比重のものを今日も生かしておられるのではないかと思うのです。(西郷自身、若い日に学んだことの多くが今も充分に役立っています。もちろん、くだらない「知識」を、これまた少なからず、かかえこんだことも事実です。) 問題は、いかなる内容知が基礎的、基本的なものであるかを問うことです。

基礎的、基本的なものとは、本質的なものということであり、一朝一夕に古びてしまうものであってはならないのです。

児島氏の言うように、現在の教科学習がたちまち古びてしまう内容知を扱っているとするなら、そのことをあらためればいいことで、内容知そのものを否定し、あるいは軽視してはなりますまい。

児島氏は教科学習と〈総合的学習〉を、これまた「対立」的に見ておられるようです。〈総合的学習は、この面で各教科の学習と対照的である〉と言われます。

西郷は、しかし、この両者は西郷がこれまで力説してきた〈関連系統指導〉の原理による以上、対立するどころか、むしろ、両立するものであり、相依相補の関係にさえあるものと考えます。

これまでの学校教育(教科学習)が〈ものの見方・考え方〉に基づく系統化をしてこなかったからこそ、そのままでは、児島氏の指摘するとおり、〈総合的学習〉との間に「対立」が生じてしまうのも、当然の帰結であります。児島氏の指摘するこのような「矛盾」は、西郷の主張する〈関連系統指導〉の原理によって統合できると考えます。

ところで、内容知と方法知の関係は、これを目的と手段の関係としてとらえなおして見るとき、方法知とは、内容知を獲得するための手段であり、あくまでも目的は内容知なのです。

認識方法は認識対象についての正しく深い認識内容を得るため（目的）の手段と言えましょう。児島氏のように〈極端な言い方をすれば、個別の知識はどうでもいい。つまり内容知はどうでもよい。それより大事なのは、知識を獲得する方法であり、考え方、判断力であり、さらに実践力である〉と言い切ってしまってはならないのです。

〈実際には、方法知中心と言っても内容知が同時に伴うわけで、そのことを否定するものではない〉と、西郷が主張してきていることに同意されていながら、しかし、なお、次のように力説されるのです。〈ただ、総合的学習では、方法を獲得することが主であり、それに付随して内容知が獲得されるという関係としてとらえられていく。もしくは付随的に得られた内容知のいかんは問わない、重視しないという考えをとり、複数の結果なり、知見を当然のこととして受け入れる〉

何をか云わんや、です。何のための〈総合的学習〉なのでしょうか。教科学習であれ、〈総合的学習〉であれ、私たちは子どもたちが自然や社会、人間、などについて、できるだけ正しい、深い認識を得てほしいと願うからこそ、そのための〈相関〉という〈認識方法―方法知〉を必要とするのです。それは、他ならぬ対象が花と虫だからです。

認識対象、認識内容が認識方法を要請するのです。その逆ではありません。

子どもは、対象について、何かをわかりたいと思うときは、わかる方法（認識方法）を求めるのです。わかりたいこと（認識内容―内容知）があって、はじめてわかり方（認識方法―方法知）が必要となるのです。

さらに言うならば、わかりたいこと（内容知）が何であるかによって、わかり方（方法知）が規制されるものなのです。

花と虫という対象についてわかりたいことが〈相関〉という認識方法を必然的に求めるのです。

児島氏の所説は、手段を目的化しているところがあります。方法知はあくまで手段であって目的ではありません。目的は内容知です。手段を目的化してはならないのです。

児島氏は、また、次のように言われます。〈自分の身の回りに生じている避けて通れない現実世界の問題に、自己のすべての力を投企し、あらん限りの力を発揮してその問題解決の方途を探り、そのことを通して自己の在り方・生き方を考え直していくところに、総合的学習の特色がある〉

児島氏は、この点が〈教科の学習と対照的である〉と言われるのですが、しかし、これは教科の学習においても当然そうあるべきことなのではないでしょうか。

なぜ児島氏は、教科学習と〈総合的学習〉とをこのように対照的、対立的にしかとらえられないのでしょうか。

西郷は、前述したとおり、認識方法による〈関連系統指導〉の原理によって、両者は相互に相依相補の関係に統合できるものであると思うのです。

ことさらに教科学習を軽視することで〈総合的学習〉を重視しようという児島氏の論法は、一貫しています。たとえば、〈総合的学習〉の必要性を述べるにあたって、〈社会の変化に主体的に対応していく学習の場面（総合的学習のこと―西郷）を、教科等との学習とは別に設定しよう〉というわけです。

教科学習では、〈社会の変化に主体的に対応〉できないから、〈総合的学習〉が必要となったと強調されているのです。

しかし、教科学習もまた、今日の〈社会の変化に主体的に対応〉できるものであるべきです。もし、そうでないという批判・反省があるなら、即刻、教科学習のあり方を変革するべきであるのです。

最後に再度強調しますが、〈ものの見方・考え方〉（認識方法）に基づく教科の系統指導を確立、さらに、この原理によって「総合学習」をも展開すべきである、そのことによって両者を有機的に統合する——それが文芸研の主張するところです。

「総合的な学習の時間」の課題

戦後まもなく出された「学習指導要領・試案」で、文部省は中央集権的であってはならないという、ごく当然の民主的なあり方を、自戒の意を込めて記述していました。

ところがその後の、この半世紀近い教育界の歴史が逆コースをたどってきたことは、あらためて言うまでもない、周知の事実です。教育長が民選であったものが、いつのまにか文部省の課長クラスが県教育長として天下りしてくるようになり、まるで、江戸時代のお代官様といったことになってしまいました。

官製の徳目主義、特設道徳教育の押し付けは、さすがに教育界のみならず一般市民の側からの総反撃を受けて、しぶしぶひっこめてしまいましたが、それも束の間、次から次へと、反動的な教育政策をごり押ししてきました。

このたびは、「学習指導要領」まで法的規制力をもって有無を言わせず現場の教師をしばろうとしています。

しかるに、なぜか、この「総合的な学習の時間」だけは、〈——的な〉というあいまいな表現を取り、しかも「教科」ではなく〈時間〉というこれまた思わせぶりな表現で、しかも、課題については、学校現場にまかせると言うのです。

一見、教育現場の主体性を尊重するかに見えながら、その実、文部省は、具体策をもたぬままに、強行に実施を急いだ、というのが実情でしょう。

しかし、せっかく、「まかせる」と言っているのですから、こちらとしても、教師集団で「あるべき『総合学習』」をめざして、主体的に具体策を練り上げようではありませんか。

ところで、現場にまかせると言いながら、やはり、気になるのでしょうか、〈例示〉であるとことわりながら、〈国際理解、情報、環境、福祉・健康〉といった〈課題〉をかかげています。

〈例示〉と言うのですから、学校現場も主体的に課題を選べばいいと思うのですが、長年「お上」の指図にしたがってきた「悲しき習性」の故か、先行的と称する実践例を見ると、何と、この〈例示〉された〈課題〉にかたより、それ以外の、たとえば、戦後民主教育が重要なテーマとしてかかげてきた平和とか人権とか、生産・労働とか、生と性とかいったテーマのものは、まったくと言っていいほど見かけません。何ともわびしい風景ではありませんか。

もちろん、国際理解も情報も環境も、――すべて、重要なテーマではあります。だから、これらのテーマを課題にすること自体は私としても異論はありません。問題は、これらの課題にどう取り組むか――ということです。

ところが、公表されている実践例を見ますと、たとえば、「国際理解」は、英会話の学習といった形に矮小化されてしまっているのです。地域の外人さんを呼んで……といった形でお茶をにごしています。

〈国際理解〉ということなら、まず何よりも、向う三軒両隣、お隣の韓国や中国をはじめ、アジア諸国との親善友好よりはじめるべきではないでしょうか。それには、日本帝国主義がおかした他民族の侵略についての反省、自己批判から出発すべきでしょう。そのことの上に、未来へむけて、お互いに相手を尊重しながらの友好関係をきずいていくべきでしょう。そのためにも、日の丸、君が代を国旗、国歌として法制化するという政府のあり方が、まず批判されるべきではないかと思うのです。

もちろん、このような方向に〈国際理解〉の課題がすすんでいくことを文部省が決して望んでいるわけではありますまい。だからこそ、国際理解→日米親善→いや日米軍事協定……といった奇妙な方向へ落ち込んでいくのであると思います。

〈環境〉という課題は、緊急を要する地球規模、全人類の運命にかかわる重大事です。しかるに、新「学習指導要領（理科編）」（六年生）で、〈食物連鎖は取り扱わないものとする〉と、わざわざ注意をうながしています。

いったい、食物連鎖の理解なくして、今日の環境問題の本質に迫れると言うのでしょうか。企業のたれ流す公害、いわゆる産廃問題は、今、避けて通れない環境問題の重大事です。食物連鎖ということは六年生で充分に理解できることであり、また理解させるべきです。

ところが、発表されている実践例を見ますと、産廃問題にふれたものはほとんどなく、その多くはゴミ問題です。それも一人ひとりの個人がゴミを出さぬよう——といった心がけ主義になり下がっているのです。もちろん、ゴミ問題は身近な個人の問題としてしかるべく取り上げるべきです。しかし、それ以上に企業がもたらす大規模の環境破壊問題こそ、焦点化されるべき課題ではないでしょうか。

〈福祉・健康〉という課題も、なぜか、近くの老人ホームを子どもたちが訪問して……というボランティアということになっています。それも総合的学習のために一時的にやっているだけで恒常的なものとしてある例は、ほとんど見あたりません。学習のための一時的な「対策」にすぎません。

福祉の問題と言えば何より最近の福祉政策の最悪、最低の実態こそが問題なのではありませんか。そのことには眼をつぶって、これまた心がけ主義的な方向へ子どもを誘導していく現在の総合的学習のあり方は、まことに寒心にたえません。

また〈情報〉は、高度情報化社会、時代に対応してのものと思われますが、なぜか、いきなりの学校現場へのパソコン導入といった形になってしまうのです。この件については節をあらためて、具体的に検討したいと思います。

なぜ、文化・芸術の課題がないか

「総合的な学習の時間」の〈課題〉として〈例示〉されたものを見ると、先ほど平和や人権、労働、生と性といったテーマがない、と言いましたが、別な見方をすると、すべて、いわば社会的なテーマばかりで、たとえば、文化とか芸術とかいったテーマのものが皆無であるということです。

このことは、はからずも「要領」の思想を具体的に示すものと言えましょう。

私は、〈ものの見方・考え方〉として、有るものだけを見ないで、何が無いかということにも眼を向けるようにと言ってきました。何が無いかは、そのものの思想を反映しているからです。

たとえば、教科書教材にいかなるテーマの教材が無いか——それが教科書編集、及び検定する側の思想を示しているとして、教科書批判を展開したことがあります。（かつて教科書には、平和、人権、差別、公害、労働などの重要なテーマの教材が皆無であったのです。その後、私どもの批判によって、これらの教材が教科書に採用されるようにはなりましたが――）

ところで、最近出版されている総合的学習の実践記録を見ますと、文化・芸術などの分野のものが見あたりません。たとえば、演劇を取り上げたものはまったく皆無と言っていい状態です。

演劇は、ことばの芸術であり、かつ身体表現の芸術でもあり、また美術、音楽などとのまさしく総合芸術、文化と言っていいでしょう。もちろん、その内容は、社会的な、また教育的なテーマのものが少なからず見られます。しかるに、本来このような総合的な性格をもった演劇が総合的学習の課題としてなぜに取り上げられることがないのでしょうか。

現在、子ども劇場、親子劇場運動は全国的な規模でひろがっています。演劇の教育的役割が重視されているからです。

私は若いころ、文芸・演劇教育の分野にあって活動していましたが、文部省は学校劇を公教育の場から「追放」したのです。頭の固い文部官僚のお気に召さなかったのでしょう。

しかし、今こそ、総合的学習に演劇を復活させたらどうでしょうか。もちろん、美術、音楽、スポーツの分野も正当に位置付けるべきと思います。

「要領」が〈例示〉している課題にこだわることなく、もっと独創的に主体的に課題を設定して取り組むことを提案するものです。

パソコン導入のひきおこす混乱

今教育の現場が〈例示〉された「総合的な学習」の課題を、どのように受けとめているかについて、先に若干ふれました。たとえば福祉について言えば、国家が当然なすべき福祉事業がいかなる状態にあるか、個人の奉仕をあてにする前に国家・社会として当然なすべき老人や病人、身障者への充分な福祉が、実際どのような状態であるか――そのことの実態をあばき出すこと――これこそ真の社会認識を育てる総合的学習であろうと思います。

総合的学習の多くが本質をはなれ、本質にそぐわない方向に向かっている現状を見ると、残念でなりません。

〈情報〉という〈課題〉も、同様です。「要領」の公布と前後して、いきなり全国津々浦々の小・中・高校にパソコンを一挙に導入という、これまでの歴史にもかつてない「暴挙」がなされました。

教科学習のためにも、また総合的学習を展開するにも、まずは、学校図書館の充実（また理科室の整備）こそが第一に実現されるべきことと思うのです。これまでにも、わずかな年間図書費（数万〜二十万円ほど）を何とか増額してほしいという現場の切実な要望にもかかわらず、体制側は予算がないということで拒否してきました。

現場の要望を無視していながら、現場から何ら要求していないパソコンの導入という、数百万円の巨額の費用を必要とする計画が、いきなり、寝耳に水のごとく天下ってきたのです。

保健室にさえ冷暖房を入れないのに、パソコンの部屋には冷暖房完備し、敷物さえ敷くというありさま。まるで一幅の戯画と言うべきです。

この予算の半分、いや三分の一でも図書費にまわしてくれたら――と願うものは、私一人ではないと思います。

このたびのパソコン導入で喜んでいるのはパソコン関連業界だけでしょう。日進月歩の業界にあって、それはいわば売れ残りの「残品」でしかありません。「廃品」同様です。それらを文部省がツルの一声で片付けてくれたのですから、業界にとってはこんな有難いことはないでしょう。

なるほど、高度情報化時代・社会に突入した現代であるからこそ、情報に強い人間を育てたい、ということはうなずけます。しかしながら小学生からパソコン、インターネットに馴れ親しませたいという言い分は納得できません。日進月歩の業界の状況を見れば、今の小学生が中学・高校（あるいは大学）を卒業して社会人となったとき、はたして今身に付けた知識・技術・技能（ノウハウ）がどれだけ役に立つのでしょうか。（すでに音声による文章化の機種もあらわれています。数年、十年後にいかなる機種が職場にあらわれるか予測もつきません。）

なのに、なぜ、今あわてて、実はすでに古い機種に慣れ親しませようと言うのでしょうか。

しかし最も肝心な問題は、機種の新旧ではありません。情報処理能力についての考え方です。

情報処理能力とは、メカに強いといったことではありません。最も本質的な能力は、情報の選択、読み取りとその価値判断・認識の能力なのです。

パソコンによって引き出される情報の洪水におぼれる危険さえあります。何よりも情報を正しくすみやかに読解・認識する力こそが必要とされます。（そしてその読解力、認識力を育てるものこそが系統的教科学習なのです。）基礎・基本の学力を教科学習が育てていてこそ、膨大な情報を認識処理することも可能です。その学力が育っていない状態ではお手上げです。情報の海におぼれてしまうだけです。

総合的学習は、まず調べる学習と言われます。だから調べるためにパソコンを、というわけです。しかし、私なら、現在の図書室を数百万かけて充実したものにかえ、子どもたちに豊富な図書によって調べる学習をさせたいと思います。学校図書館の本は、少なくとも、子どもの学力を考慮して書かれ、また教師によって選ばれています。また必要以上にムダな時間の浪費なしに、簡便に情報を手に入れられます。

まずは学校図書館を充実して、そこで調べる学習が成立するよう考えるべきです。その上で予算があると言うならパソコンの導入もいいでしょう。まったく順序があべこべです。不急不要なものに巨額の予算をさいて、緊急に必要とするものに眼をつぶる――これが今日の教育行政の姿なのです。

私は全国各地の現場を訪れ、その実情を見聞するにつけ、現在のパソコン導入によってもたらされた現場の混乱に胸をいためています。

多くの子どもたちにとってパソコンはまことに高価な玩具にすぎません。わずかに一部にパソコンの有効な使用がなされているだけです。

もちろんパソコンはすばらしい「知の道具」です。その機能、役割の重要さを私も認識しております。しかし、道具というものは、目的があって使用される手段であります。ところが多くの現場では、パソコンを何に使ったらいいかその使い道をさがしているありさまです。これでは目的と手段が入れかわっています。本末転倒です。

手段が目的化していると言わざるをえません。まるで切れ味のすごいナイフを手に入れた子どもが必要もないのに、その辺のあれこれを切ったり削ったりする――そんな光景とまったく同じ状態を眼にします。

かつて教育の現代化ということが叫ばれ、教育現場に一斉にＯＨＰが導入されました。ところがわずか数年でこれらの機器は片付けられ埃をかぶっています。（パソコンがその二の舞にならねばと思います。）

さて、基礎・基本ということが力説されていますが、たとえば国語について言えばまず漢字が読める、書けるということが第一歩でしょう。

漢字が書けるという能力は漢字を手で書くという地道な作業のつみかさねの結果として育つものです。しかしパソコンで文章を「書く」ことになれば、たしかに早く、きれいに文面を作ることができましょう。しかしいったい、子どもたちは、いつ、どこで、どのように漢字を書くという作業で漢字を書く能力を身に付けたらいいのでしょうか。作文もパソコンで、手紙もパソコンで、ということになれば、漢字を書くという最も基礎的基本的な能力も育つ場、時間を失うことになるでしょう。

少なくとも小学校段階は地道に系統的な教科学習で、基礎基本の学力を育てるべきです。パソコンの操作能力の育成は中学・高校の段階で決しておそくはありません。また中・高校の学力があれば、パソコンの引き出した情報も、まずは何とか処理（読解、価値判断）できるでしょう。何もあわてて小学校から急ぐ必要はありません。

系統的な教科学習を地道にしっかりとやることで、総合的学習との関連をはかるべきです。

この順序をあやまってはなりません。

（西郷竹彦）

第三章 「総合的な学習の時間」のねらいと本質

1 「総合的な学習の時間」と「教育改革」の本質は何か

(1) 企業に必要な人材育成のための「教育改革」

「平成の教育改革」を具体化した新しい「学習指導要領」(以下「要領」と言う) が一九九八年十二月に告示されました。その特徴を最もよく表しているものが「総合的な学習の時間」(以下「総合的な学習」と言う) です。

日本の教師たちは、全人格の発達をはかり、主権者としての自覚を深めさせるために、総合的学習を早くから提唱し、実践してきました。今回出された「総合的な学習」とこれまでの総合的学習とは、方法に似たところもありますが、ねらいや出された背景に大きな違いがあります。

「総合的な学習」がどのようなねらいをもち、どのような本質をもっているのかを、まず明らかにしたいと思います。

「総合的な学習」創設の背景について、それにたずさわられた児島邦宏氏（第十五期、第十六期中央教育審議会専門委員）は次のように説明しています。

「総合的な学習の時間」が創設された背景の大きな理由は、「学校知の組みかえ、再編」の必要性が生じたことによる。さらにそこには、二つの大きな課題がある。一つは、めまぐるしく変化する社会の変化と教科・領域を中心とする学校知との「文化的遅滞（ずれ）」が生じ、その間隙をどう埋めるかという課題である。もう一つは、体験の喪失という子どもの生活の在り方、育ち方の変化によって、学習と生活とが遊離し、学ぶこと自体の意味が問われてきたという問題がある。（児島邦宏『総合的学習』ぎょうせい、一九九八年）

この中の〈めまぐるしく変化する社会の変化と教科・領域を中心とする学校知との「文化的遅滞（ずれ）」が生じ〉たとする考えは、「教育改革」の基本的な現状認識です。一九九三年に出された現在の「要領」でも〈社会の変化に主体的に対応する〉ために「新しい学力観」が打ち出されています。新しい「要領」のもとになった中教審第一次答申（一九九六年七月）では〈変化の激しい、先行き不透明な、厳しい時代〉と現状をとらえて、そうした時代に適応していくための能力である〈生きる力〉を求めています。

また、次のようにも述べています。

我が国は、単に良質の物を製造するだけでなく、より付加価値の高い製品やサービスを提供する高次な経済社会へと経済構造の改革をしていく必要が生じている。このような経済構造の変革の中で、経済の高度成長に深くかかわった終身雇用や年功序列という日本型雇用システムも揺らいできている。

さらに、我が国の社会は、今後、様々な面で変化が急速に進むと考えられる。社会の変化の方向については、それらの変化に対応する教育の在り方を提言する（後略）。

これらからわかることは、「要領」や「総合的な学習」が求めているものが、教育基本法第一条に示されている「人格の完成をめざす」という教育の目的ではなく、企業の要求に沿う人材育成を第一義にめざしていることです。これが「教育改革」の本質であると言えます。

(2) 公平・平等の原則を破るための「教育改革」

「教育改革」は、日本経済の行く先に危機感をもった財界の「二一世紀生き残り戦略」に沿うものです。第十五期中教審の方向づけをしたのは社団法人「経済同友会」の「学校から『合校』へ」(一九九五年)という提言であると言われています。その作成にかかわったある財界人は、これから企業が求める人材育成のあり方を次のようにあけすけに語っています。

これからの成熟社会にあって大企業のイメージは一握りのブリリアントな参謀本部、マネージメントのプロ、大量のスペシャリスト、それ以外はロボットと末端の労働である。

こうした「戦略」から、「教育改革」の内容を見れば、もっともらしい文言の裏にその本質がはっきりと浮かび上がってきます。中教審会長有馬朗人氏(前文部大臣)は、第十五期中教審の「第二次答申に当たって(談話)」で〈形式的な平等の重視から個性の尊重への転換を目指し、一人ひとりの能力・適性に応じた教育を展開していくという考え方に立って〉、教育制度の複線化構造をすすめる方向を打ち出しました。その具体策として、中高一貫教育の選択的導入、〈稀有な才能を有する子どもたちのために大学入試年齢の特例を設けること〉など、能力主義による選別をおこなっています。

また、有馬朗人氏は文部大臣に任命された後、〈傑出した人材を生みだすために、たとえば飛び級をやるとか、良くできる子は分けて教えるとか、ゆっくり勉強したい子にはていねいに教えてやることも必要だ。いままでは、これをいっしょにしてきたが、このあたりで平等を破っていかなければならない〉と述べています。こうして、財界の「戦略」に沿ったあからさまな人材の選別化路線がすすめられることになったのです。

新しい「要領」では、選択教科・科目が増えましたが、これは子どもたちの興味・関心による選択の幅をひろげる形を取りながら、能力的編成へつながるのではないかと危惧されます。

このように「教育改革」のねらいは、これまでまがりなりにもかかげてきた教育の公平・平等の原則を破り、「能力」による差別を公然と認めることにあります。

(3) 「総合的な学習」も国民の願いから出されたものではない

「教育改革」の目的は、効率よく、財界の求める人材を育成することです。そのために徹底した競争原理で人材を選別する仕組みをつくりました。「総合的な学習」は、当然「教育改革」の目的に沿うものになっています。後で詳しく述べますが、「総合的な学習」は、教科教育を軽視した上で、〈自ら学び自ら考える〉ことを要求するのですから、それができる一部の者はともかく、それ以外の多くの子どもたちの学力の低下が心配されます。「総合的な学習」によって今以上に学力の格差がひろがってくることが予想されます。それを個性の違いとしてそのまま認めるのが、中教審、教課審、「要領」の中にある基本的な考えです。これは、一人ひとりの子どもの幸せを願う国民の考えとかけはなれたものと言わざるをえません。

また、「総合的な学習」は「特色ある学校づくり」に利用され、学校間競争を激しくするテコになると言われています。学校間競争は、品川区に見られるような通学区域の弾力的適用（小学校自由選択制）が加われば、いっそう激しさを増すことになるでしょう。そして、学校の格差、ランクづけもおこなわれるようになると思います。小学校入学時から、能力によって学校が選択されるようになるのではないでしょうか。

小学校自由選択制の背景について、評論家の長谷川慶太郎氏は、学区制をゆるめなければ優秀な学生は育たない、と考える財界の提言が学区選択制導入に結びついた、と解説しています（「財界の危機感が生んだ小学校自由選択制の狙い」『サンデー毎日』一九九九年十月二十四日号、毎日新聞社）。

こうした学校間競争、ランクづけは、高校の総合選抜制を崩したり、中高一貫校によるエリート校作り、〈科学や芸術など特別分野の才能を延ばす新しいタイプの「研究開発学校」〉（「毎日新聞」一九九九年十一月二十二日）などとも軌を一にするものです。

「教育改革」も、その「目玉」である「総合的な学習」も財界の危機感を背景に、学校を自由競争させる市場論理から生まれたものです。競争原理による人材育成は、国民の願いから出たものでないことは明らかです。

2　「総合的な学習」で「生きる力」ははぐくまれるのか

(1)　教育内容の軽視

この項では、「要領」やそのもとになった教課審答申、さらに「総合的な学習」創設に深くかかわったと言われる児島邦宏氏（第十五期・第十六期中央教育審議会専門委員）の著書『総合的学習』（ぎょうせい、一九九八年）を主に引用しながら、「総合的な学習」の問題点について考えたいと思います。

「総合的な学習」は、とりわけ小学校で問題が大きいと言われています。それは、基礎的、基本的学力を身に付けることがとくに大切な時期に、「総合的な学習」で本当に豊かな学力がつくのか危ぶまれるからです。ここでは、主に小学校の「総合的な学習」の問題点を見ていきます。

「総合的な学習」は小学校で、時間数の約一一％になります。それが導入される二〇〇二年には、完全週休二日制になるため、教科学習の時間は現在より約一四％から一八％の削減になります。

それに伴い、文部省は教育内容を「厳選」し、「三割削減」したと言っています。しかし、改訂「要領」に反映された「三割削減」の内容には、多くの問題が指摘されています。

国語科について言えば、〈文学的文章の詳細な読解に偏りがちであった指導の在り方を改め〉という教課審の「中間のまとめ」が反映して、文芸教育そのものを軽視するような「厳選」がおこなわれています。「要領」では、三・四年で段落分けのみを、五・六年で人物の気持ちを扱うよう「厳選」しています。

つまり、一～四年までは人物の気持ちを扱う必要がないということになります。気持ちをわかることさえ教えないような国語科教育は、まさに人間不在・感動不在としか言いようがありません。文芸研会長の西郷竹彦は、〈「要領」が《伝え合う力》を《目標》にかかげることで、文芸教育が育てるはずの重要な《学力》を無視、あるいは軽視することになる〉（『文芸教育』77号、明治図書、一九九九年）と「要領」の「厳選」の本質をついています。

このように国語科で一番大切にしなければならないところを削減する一方、前から削減要求が大きかった漢字の指導数は従来どおりの一〇〇六字のままです。

また、「要領」の中の理科は、科学の系統性を無視した場当たり的な「厳選」になっていることが指摘されています。

科学教育研究協議会の小佐野正樹氏は、四年生の「物の重さとかさ（体積）」が削減されるが、「物が水に溶けても、水と物とを合わせた重さは変わらないこと」（五年）は学習させるという例を紹介しながら、〈基本的な法則を学習しないで、断片的な現象だけを扱おうという矛盾した〉「厳選」は単なる時数合わせではないかと批判しています。また「厳選」の一つである選択学習は、基礎・基本を共通に学ばせないため、〈子どもも教師も「ゆとり」を失うことになる〉と批判しています。（『文芸教育』77号、明治図書、一九九九年）

これらの例からもわかるように、文部省の言う「厳選」は場当たり的な時数合わせであったり、系統性を無視したものであったり、教科教育の本質からの逸脱・変質であったりします。その結果子どもたちの認識を系統的に高めることは軽視されます。しかも、時間数が少なくなれば、「理解」抜きで教え込むことにつながりかねません。そうなると、学んでわかったという喜びは失われてしまうのではないでしょうか。

今回おこなわれようとしている教科内容の「厳選」の背景には、教科学習の軽視があることも見ておかねばなりません。

(2)　「方法知」と「内容知」

教科学習が軽んじられるのは「学校知」が「内容知」から「方法知」へ重点を移動しなければならない

という考えが背景にあるからです。

児島氏は、「内容知」を〈我々が外界の事物や事象について認識した結果としての知識である。「〜はこれこれである」「〜とは何々である」という「知りえたもの」〉と定義しています。〈こうした内容知を伝達し、それを覚える学習は、今日、大きな壁にぶつかっている〉〈その克服の方途〉として〈登場してきたのが、内容知を厳選し、いかに学ぶか、どのように対象に迫っていくかという学びの方法、学び方にかかわる知識や技術の重視である。知識や技能自体をどのように獲得していくかという学習の方法にかかわる知の形態〉を「方法知」としています（児島邦宏『総合的学習』ぎょうせい、一九九八年）。

「内容知」中心の教育の行き詰まりの理由として、児島氏は次の諸点をあげています。

① 覚えることがあまりにも増大して、知識の詰め込み主義になったこと

② 知識や情報がすぐ陳腐化していく状況が生じてきたこと

③ 体験不足とも相まって、「学力の剝落現象」が生じてきたこと

これらのすべてを認めることはできませんが、たしかに現実の一面をとらえています。受験競争のための暗記中心の学習が今日の学校教育を大きく歪めていることは否定できません。そういう意味での「内容知」中心の教育の行き詰まりはあります。国連の「子どもの権利委員会」が、日本政府あての最終所見の中で、日本の〈教育制度が極度に競争的である〉と指摘したことはその証左です。

〈極度に競争的な〉教育は、時の政府・財界の政策的要求から生じたこともまた事実です。そのことへの反省抜きに「内容知」中心の教育の行き詰まりを言っても、説得力に欠けるのではないでしょうか。

今回の「教育改革」も社会の変化に対応する人材を育成しようとする財界の要求から出てきたもので

す。そのいずれもが、主権者としての資質・能力を育成するという本来の教育観が欠落しているという点では共通しています。

今、必要なのは、教育基本法の中に示された理念である「人格の完成をめざす教育」という原点に返ることです。これまでも日本の多くの教師は教科教育の中で、その原点を大切にする実践を積み上げてきました。文芸研（文芸教育研究協議会）では国語科で読解主義でなく人間観・世界観を身につけさせることで「人格の完成」をめざしてきました。他の多くの民間教育団体でも「人格の完成」をめざすために努力を積み重ねてきたことはあらためて説明するまでもありません。このような努力を押さえ、妨害してきたのは行政サイドからであったことも忘れてはなりません。

児島氏は、「方法知」へ重点が移動しなければならないとする論拠を次のように述べています。

> 内容知はどんどん変化しても、方法知自体はそれほど変わるものではない。「生きる力」の知的内容として、考える力、判断力、問題解決の力等を求めているが、これらは方法知そのものである。方法知こそ、学校知の中核をなすものとして重視されてきたわけである。この方法知を中核とする学力こそが、自ら意欲をもって学び続けるための基本的な能力となる。それはまた、生涯学習の基礎をなすものである。学ぶことを自分のものにするために不可欠なものが、方法知だというわけである。
>
> （児島邦宏『総合的学習』ぎょうせい、一九九八年）

さらに、児島氏は〈総合的学習は、どちらかといえば、内容知よりも方法知を重視する。極端にいえば、方法知中心、内容知はどうでもいいという様相すら呈する〉とまで言い切っています。別のところでは、次のようにも述べています。

実際には、方法知中心といっても内容知が同時に伴うわけで、そのことを否定するものではない。ただ、総合的学習では、方法知を獲得することが主であり、それに付随して内容知が獲得されるという関係としてとらえられていく。もしくは付随的に得られた内容知のいかんは問わない、重視しないという考えをとり、複数の結果なり、知見を当然のこととして受け入れる。

（児島邦宏『総合的学習』ぎょうせい、一九九八年）

児島氏の見解によれば、〈総合的学習〉では「方法知」の獲得が目的になっています。そして、それは〈情報の収集の方法、コミュニケーションの方法、調べ方、まとめ方、発表の方法、討議の仕方〉といった方法のことであるとも述べています。

さて、「方法知」中心の教育は、どのような問題をもっているか、次で考えていきたいと思います。

(3)「方法知」重視は何をもたらすか

「方法知」重視の教育は「新しい学力観」による授業実践の中でさかんにおこなわれてきたものと同じ流れのものです。「新しい学力観」では「理解」の比重が軽くなるかわりに「関心・意欲・態度」が重視されるようになりました。そのため、内容を系統的に学ばせるというより、「関心・意欲・態度」をねらったこて先の教育技術に走った実践が多く見られるようになりました。指導方法に奇抜さを競ったもの、子どもたちの「関心」に迎合したもの、無理・無意味なものが続出しました。

こうした実践が文部省の関係者の監修された本に先行的に紹介されました。そして、それらが「新しい学力観」の手本になり、普及していくことになったのです。その多くが、教材の本質に迫るものではなく、子どもたちのもてる力を引き出すものでもなく、子どもたちを愚ろうするものでした。

国語科ではとくに、あまりにもお粗末なものが出回りました。文芸作品では、内容を深めるより作者を調べることや、ことがらの一部を取り出し内容とはかけはなれた「言語活動」をさせることに重点が置かれました。また劇化、ペープサート、音読、「○○日記」（たとえば「一つの花」でお母さんの子育て日記）、人物に「お手紙を出そう」、インタビュー、ディベートなどさまざまな方法、「技術」が使われました。そのいずれにも共通していることは、教材の内容はおざなりにされ、本質からはなれたところで活動させていることです。

説明文でも本文はほとんど問題にならず、テーマについて調べ、それを発表させることに大部分の時間を費やしているようなものが少なくありません。「関心・意欲・態度」や「方法知」に重点を置くとどうしてもそういう方向にいくことになります。「新しい学力観」によって、すでに教科学習も「方法知」の比重が高くなっていますし、さらに「総合的な学習」で「方法知」中心の教育がおこなわれると、系統的に高めなければならない基礎・基本が弱くなっていくのは自明です。

ところで、「内容知」と「方法知」を対立的にとらえ、すべての教育において「方法知」を優位にもってこようという考えもあります。加藤幸次氏の『総合学習の思想と技術』（明治図書、一九九七年）の次のような考えはその代表的な例です。加藤氏の考えは、教科学習＝「内容知」、総合的学習＝「方法知」ととらえ、〈子どもたちが主体的、意欲的に学習活動に挑んでいくことのできる新しい授業を創ろうとするとき、総合学習こそあるべき学習のかたちである〉とし、教科学習より総合的学習がすぐれているという二分法的なとらえ方をしています。

また、加藤氏は、別のところでも次のように述べています。

> 教科学習の立場に対して総合学習の立場は、歴史的にみて鋭く対立してきたのです。強い言い方をすれば、両者は水と油のような関係にあり、カリキュラムの歴史の上では、幾度となく論争がなされてきたのです。
>
> （加藤幸次『総合学習の思想と技術』明治図書、一九九七年）

これに対して柴田義松氏は〈「総合学習」と「教科学習」とを、このように何か善玉と悪玉のように二分し、対立させる考えは、教育の歴史や現実に照らしてみても、事実に即さない極論〉（『新学習指導要領の読みかた』あゆみ出版、一九九九年）と批判しています。柴田氏の言うように加藤氏の主張は、教科学習の一面だけをとらえ、それをすべてのように描いています。それは、到底納得できるものではありません。

「総合的な学習」を積極的に推進してきた人がすべて加藤氏と同じようにとらえているわけではないでしょうが、「方法知」が「内容知」より優位にあると考える傾向はたしかにあります。「新しい学力観」以来、「方法知」と重なる内容抜きの技術主義の横行はそのことを勇弁にもの語っています。

教科学習はものごと（世界）を分析的にとらえる側面は強いのですが、同時に全体像を意識しながら総合化をはかってきた実践も数多くあります。

文芸研では、文芸作品を学習する際、「様子」「気持ち」「わけ」だけを取り上げる「読解主義」を批判し、総合化を意識した学習を提案してきました。文芸教材の指導においては、①ことば・表現の教育、②人間の教育、③美（芸術）の教育、の三つの柱の必要性を主張し実践してきました。これらの課題を実現するための授業＝教授過程を次のように考えています。

導入の段階
Ⅰ だんどり
展開の段階
Ⅱ とおしよみ（ひとりよみ、よみきかせ、たしかめよみ）
Ⅲ まとめよみ
整理の段階
Ⅳ まとめ

〈たしかめよみ〉でとらえたイメージの筋をもとに、人間とは何か（人間観）、世界とは何か（世界観）といった、ものごとの本質・法則・真理・真実・価値・意味をわからせ、さらに自分のことと結びつけて考えること（典型化という）を課題とする〈まとめよみ〉の必要性を主張してきたのです。〈まとめよみ〉は特殊・個別・一回的なものを一般化・普遍化すること、つまり総合化することが、その中心的な課題と考えています。「要領」では、文芸教材の扱いは、もっぱら「様子」「気持ち」「わけ」を問うという総合のない分析のみの読解主義教育でした。

当然、総合化は問題になりませんでした。それどころか、教課審答申（一九九八年）は〈文学的な文章の詳細な読解に偏りがちにあった指導の在り方を改め〉る具体的事項として、〈段落分けの指導は第3・4学年で、人物の気持ちの読み取りの指導は第5・6学年で重点的に取り扱うようにする〉としています。総合化どころか、最低限の読解すら放棄し、「方法知」中心へ「学びの転換」がはかられようとしています。

文芸研は認識の方法を軸にして、関連・系統指導を主張してきました。つまり、国語の各ジャンルを結びつけたり、国語科と他教科を結びつける取り組みをしてきました。総合を意識した実践を早い時期から提案し、大会のテーマにもかかげ、「人間観・世界観を育てる国語教育」を提案してきました。また〈平和〉〈人権〉〈労働〉〈愛〉〈仲間〉をテーマに分科会を組んだこともありますし（一九八五年〜一九八九年）、〈平和〉〈人権〉〈性〉〈環境〉をテーマにした特別分科会を設けたこともあります（一九九四年〜一九九六年）。これは、文芸研が総合をはっきりと意識した取り組みでした。

他の民間教育研究団体でも、日常的な教科学習の中でも教科の枠を越えた総合的な学習指導はおこなわれてきており、すぐれた実践も数多く報告されています。総合化をねらう学習は教科学習と対立的にとらえるのではなく、両者は統一的に実践すべきであると考えます。

(4)　「総合的な学習」で学力は確実に低下する

先に見たように、「新しい学力観」による授業では子どもたちを、本質からはなれたところで〈興味・関心・意欲〉をもたせるために活動させてきました。

そのために「活動あって学力なし」というゆゆしい状況がひろがってきました。「新しい学力観」をすすめてきた文部省の関係者さえそれを心配する声を出しているほどです。〈新しい領域構成に応じて、言語活動例を示すことで、「活動あって学習なし」の状況を克服する必要がある〉(文部省初等中等教育局教科調査官小森茂『「生きる力」を育成するための『領域構成』」『国語教育』一九九八年十二月号臨刊、明治図書)と。

教科学習の時間は削られた上に、教科学習では学力がつかない「新しい学力観」の〈活動〉をし、「総合的な学習」でも、〈内容知はどうでもいいという様相すら〉ゆるされるなら、〈活動あって学力なし〉という状況は今以上にひどくなるのは火を見るより明らかです。

学力の低下については、大学生の計算能力が小学生以下だといったことがマスコミでもさかんに問題にされるようになっています。文部省の一九九九年度「教育白書」でも、大学生の学力は、進学率が五割近くになっている現状を理由に、〈平均的学力水準が下がるのは、やむを得ない〉と、大学生の学力低下を認めています。一方、〈「生きる力」としての学力の質を向上させることができます〉と、学力低下の心配は否定しています。

文部省が学力低下の心配はないと胸を張れば張るほど、多くの国民や現場で教える者はいっそう心配になるというのが正直なところです。「新しい学力観」(「生きる力」としての学力も同じ流れの中にある)による学力の低下は、教育現場で日々実感するところです。「自由保育」が小学校低学年の「学級崩壊」のひろがりと深く関係していることは多くの人が認めているところです。また、社会科・理科を解体して新設した低学年の生活科によって、中学年以降、理由づけて思考することが極端にできなくなっているといった学力の低下が教育現場で問題になってきました。

「総合的な学習」の研究指定校や「先進的」な実践校の中には学力の低下、教科学習の家庭へのもち帰り（塾に肩がわりさせる結果にもなっています）、児童の長時間拘束という実態もあると聞きます。

新しい「要領」による教育がすすむと、学力低下に対する批判の声は今後いっそう大きくなるでしょう。〈総合的な学習では、方法知を獲得することが主であり、それに付随して内容知が獲得されるという関係としてとらえられていく。もしくは付随的に得られた内容知のいかんは問わない、重視しないという考えをとり〉（児島邦宏『総合的学習』ぎょうせい、一九九八年）という先に見た主張は、学力が低下することに対する批判を先取りして、「方法知」をつけるためには「内容知」が低下することはやむをえないという予防線を張るものではないか、と考えるのは考えすぎでしょうか。

(5) 「総合的な学習」は共通の学力を保障しない

加藤幸次氏は〈一人ひとりの子どもがそれぞれ違った課題を持ち、違った追求をしていけば、当然異なった知識や概念に到達する〉、学習活動で到達した〈知識や概念がひとつには共通性をもたないかもしれない〉（加藤幸次『総合的な学習の思想と技術』明治図書、一九九七年）と述べています。

加藤氏が言うまでもなく、「総合的な学習」のねらいを徹底すれば、共通の学力の保障は困難でしょう。「総合的な学習」だけでなく、教科学習でも「方法知」の方向に傾斜していったり、「課題選択」の導入などで、共通学力がつかないという実態が多くなってくるのではないでしょうか。義務教育の段階で、とくに小学校の段階で共通の学力をもたないことを増やす教育がはたしていいことなのでしょうか。

「教育改革」は、すべての子どもたちに等しく基礎学力をつけ、主権者として生きる力を保障していこうとする考えとはまったく逆の発想から出たものです。「できるのも個性、できないのも個性」とし、「個性」の名のもとに差別・選別を合理化する発想があります。最近でも文部省政策課長である寺脇研氏は「学力分業論」を唱え、全面発達をめざす教育の否定に通じる考えを表明しています。(『論座』一九九九年十月号、朝日新聞社)

「教育改革」の中心的な位置にあるのが「総合的な学習」であれば、「総合的な学習」もまた子どもたちの「学力の分業」、つまり差別・選別をしていく役割を担わされるのではないでしょうか。

一部のエリートを作るためには、他は多少犠牲になってもしかたないという発想が、〈異なった知識と概念に到達〉であったり、「個性論」や「学力分業論」であったりするのでしたら、これほど子どもたちを愚ろうするものはないでしょう。

(6) 「方法知」偏重は人間不在の教育になる

児島氏は「総合的な学習」を〈人間回復〉の教育だと言います。たしかに、受験競争に沿うような知識の詰め込み教育という非人間的なものに比べれば、子どもが興味をもって楽しく活動する方がずっと人間的に見えるかもしれません。

しかし、「総合的な学習」は本当に〈人間回復〉の教育と言えるのでしょうか。「総合的な学習」は「方法知」が目的であるため、学習を通してどのような人間観・世界観を子どもたちに育てるのかという目的がありません。いわば、さまざまな方法が使えるので、入り口はたくさんあるが、出口には何もないということです。活動させることも場合によっては必要ですが、何のために活動するのかという目的なしに活動させることが、人間的でしょうか。豊かな人間観、世界観を育てることこそ、教育の本来の目的ではなかったのでしょうか。目的ももたずに「方法知」＝技術だけを偏重する教育はロボットを育てるようなものであり、非人間的教育であると言えましょう。

西郷は、条件抜きでする「教育ディベート」を非人間的なものと批判しました。心ならずも本心とは逆の立場におかれることで、本心とは逆のことを言わなければならないこと、主張して勝つためには強弁したり、詭弁をもてあそぶ子どもを作ること、勝つために自分に都合のいいデータだけ集め、都合の悪いものは見て見ぬふりをすること、相手のあげ足を取り、自分の非を認めないというお粗末な人間関係を作ること、相手の言い分から謙虚に学び、ともに高まるということができないことなど、技術主義のもつ人間不在の教育を明らかにしました。（西郷竹彦「新学力観の本質と文芸研がめざす真の学力」『文芸教育』74号、明治図書、一九九七年）

「方法知」そのものをすべて否定するものではありませんが「教育ディベート」のように、条件抜きで用いられたり、技術、方法だけに教育が偏重しますと、教育は非人間的なものになったり、やせ細ったものになります。

かつて「法則化運動」が、〈思想・信条は問わず〉〈いいものはいい〉〈役にたてばいい〉それが技術だとし、国語科で育てる力を〈文章を検討する〉力に限定し、言語・表現技術に偏向する立場を取りました。それを西郷は〈人間不在の教育〉であると厳しく批判し、技術主義は戦後の民主主義教育研究運動の成果を換骨奪胎するものであると断じました。（西郷竹彦『法則化批判』黎明書房、一九八九年）

教材の本質を無視した方法や技術のみの授業、思いつき、こじつけ、奇をてらったもの、ワンパターンの発問、そして、人間不在の教育は、「法則化運動」「新しい学力観」「生きる力」の学力観や「総合的な学習」に共通する本質のように思えます。

(7)「方法知」の教育は思いつきの教育

基本的なものから順に積み上げてこそ学習の効果が出るものです。つまり、発達段階に沿って系統的に教えることは教育の根幹です。

ところで「方法知」と言われるさまざまな方法、やり方は、教育的に系統化できるのでしょうか。「方法知」の優位性を説く書物や実践はありますが、どの段階でどのような方法を使い、それをどう積み上げていくのか、後先はどうなるのかということはまったく問題にされていません。系統化することなく使う「方法」は思いつきにすぎません。「方法知」中心の教育が目的もなく、見通しもなく、ただ方法を体験させればよいということだとすると、それはまったくおそまつなものになるでしょう。

文芸研は、認識の方法で系統化することを主張してきました。「内容知」をすべて教えることはもちろんできません。より多くの知識を教え込むことが教育の目的ではありません。教育の目的は人間とは何か、私たちをとりまく世界とはどんなものか、その本質・法則・真理・真実・価値・意味をわからせることです。そして、それがわかるためには、認識の方法（もののわかり方・見方）を身につけることが必要だと考えています。認識の方法は次のように系統化され、学年の発達段階ともつながっています。

また、この認識の方法で、国語科の中の文芸作品、説明文、作文などを関連指導してきました。さら

関連・系統指導案（小学校）

0　観点　目的意識・問題意識・価値意識
　真・偽　ほんと ― うそ
　善・悪　いいこと ― わるいこと
　美・醜　きれい ― きたない
　有用・無用　やくにたつ ― やくにたたない

← 低 →
← 中 →
← 高 →

1　比較　分析・総合
　類似性 ― 類比（反復）
　相違性 ― 対比
2　順序　過程・展開・変化・発展
　時間・空間・因果・心情・思考・論理・意味
3　理由・根拠・原因
　事象 ― 感想・意見
4　類別（分類・区別・特徴）
　特殊・具体＝一般・普遍
　全体と部分
5　条件・仮定・予想
6　構造・関係・機能・還元
7　選択（効果・工夫）・変換
8　仮説・模式
9　関連・相関（連環）・類推

に、国語や理科、社会などのいくつかの教科とも関連指導してきました。先に見ましたように環境、平和、人権、性といった現代的課題を深くとらえるためにも、関連指導の必要性を提案してきました。

系統化されない「方法知」は、子どもたちの発達を系統的に保障することができない決定的な欠陥をもっているのではないかと思います。

(8)　「総合的な学習」は学習効率が悪い

子どもたちが主体的に活動する体験的な学習は、どうしても相当のエネルギーと時間をかけることになります。けれども、こうした学習は大切にしなければならないと考えます。ただこれまでの「新しい学力観」による実践や「総合的な学習」の実践では、かけたエネルギーや時間のわりには、それに見合うだけの教育効果が上がっていないことが大きな問題です。

その原因について考えてみたいと思います。

一つめは、子どもの発達段階や状況を無視して、子どもの「主体性」にまかせたためです。その背景には、教師が指導してはいけないという「強迫観念」に近い思いがあるのです。「支援」は指導の一方法であるのに、それが絶対化されるため、指導することに何かしら後ろめたいものを感じることになります。そのため、指導のねらいがあいまいになったり、中途半端になったりし、学習の効率が悪くなってしまうのです。

二つめは、「方法知」を学習の目的にして子どもたちの「主体性」にまかせるために、学習が消化不良に終わることが多くなるためです。さまざまな「方法知」を使って役所や図書館、インターネットなどで資料を手に入れても、それらのほとんどは子どもたちにすぐ理解できるものではないというのが実状です。少ない資料であれば情報の偏りが大きくなります。逆に多くの情報を集めても、その処理はむずかしく、処理しきれなくなります。「方法知」が目的になるのですから、内容理解より情報を集めたということが重要なのです。そのため、あれこれ活動するが、やりっぱなし、言いっぱなしということになります。それでもいいと言うのです。このような実践では、どうしてもかけた時間やエネルギーに比べて学習の効率はよくないことになってしまいます。

三つめは、教育条件（たとえば教職員の数、学級定数など）が活動を保障するまで整備されていないためです。子どもたちの関心に沿って、学級にいくつものグループが、別々のテーマで活動する場合、子どもたちへの必要十分な個別の「支援」のためには相当の準備と時間と指導者が必要です。今の四十人学級では「総合的な学習」を効率よく教育することは不可能に近いのではないでしょうか。

3 「総合的な学習」のための条件整備はできているのか

教育の効率を上げるためには、教育条件の整備はどうしても必要です。「総合的な学習」は体験的な学習、問題解決的な学習を積極的に取り入れることを配慮するよう求めています。それを受け入れるためには、今までとは違った学習環境の整備が必要です。

まず、人的な環境作りが必要です。外部から講師を導入する方法も言われていますが、先にもふれたように、学級定員を減らし、一人ひとりの子どもにゆきとどいた教育ができるようにすることがまず必要です。「総合的な学習」に対応するよう、早急に学級定員を減らす施策を採る必要があります。

また、学校内外に今あるものがそのまま学習環境になりますが、現代的課題に取り組むためには、それ相当の教育条件の整備が必要です。教課審答申（一九九八年）では、教育環境について、次のようにふれています。

コンピューター等の教育機器や情報通信ネットワークの整備充実とその活用を進めるとともに、学校図書館における情報機器や図書、視聴覚資料などの一層の整備充実と活用が求められる。

たしかにコンピューターは年次計画で多くの学校に導入されてはいますが、導入されていない学校の中には、空教室がないといった施設面で受け入れ困難なところさえあるのです。こうした学校ではどうする

のかといったことも含めて現場に見通しを明示してもらいたいものです。

児島氏の〈図鑑などの文献は、同じ本が一〇冊も二〇冊も用意されてはじめて役に立つ〉（児島邦宏『総合的学習』ぎょうせい、一九九八年）という主張にはまったく同感です。これだけの図書を最低必要なだけそろえるとしたら、どのくらいの図書費が必要でしょうか。私が勤めている学校（三百人規模）の年間図書予算は十数万円にすぎません。加えて図書室も狭いし、司書もいません。腹立たしいほど貧弱な実状を放置して、情報図書館、学習センターとして図書室を再編するなどとは夢のまた夢です。

外部の人材の活用の際の謝礼、校外の教育施設などの利用の費用（交通費、施設利用料など）、インターネットの使用料など、体験的学習には多くの費用がかかるものです。現在、それらの費用は「受益者負担」でほとんど保護者負担になっています。今でさえ、保護者負担が大きいのにこれ以上の負担をかけることは困難です。「行政改革」が教育費削減にも厳しく及んでいる現状から考えても「総合的な学習」の実施に伴いそれ相当の予算措置があるとは到底考えられません。かけ声は勇ましいのですが、それを実施する保障がトーンダウンするのでは、無責任と言わざるをえません。

財界などが「不効率部門」としている教育についても、国の責任を縮小し、地方自治体や個人へ責任を転嫁しており、教育の財源確保はいっそう困難な状態です。

社会教育施設、特別非常勤講師などの条件の差が、学校間格差、地域間格差を生み出すことになることも考えられますが、それに対する行政的措置があるのかはなはだ疑問です。

また、「総合的な学習」に熱心に取り組む学校には予算を厚く、その他の学校には薄くするとも伝えられています。もし、こうなれば、少ない予算をエサに学校間競争を激化させることになり、さらに、教育の機会均等の原則が崩れることが心配されます。（事実、T・Tの加配がすべての学校に行きわたることなく、「熱心さ」によって格差が付けられたという先例もあります。）

4 「総合的な学習」は教職員のゆとりをなくす

年間一〇〇時間を超える「総合的な学習」を編成していくことは容易なことではありません。先行的に取り組んできた研究校の多くは、国立大学附属の学校や私学であり、公立学校でも人的にも財政的にも比較的条件に恵まれていたところです。それでも、勤務時間を超えて、計画作りやさまざまな準備がおこなわれ、教職員への過重負担が大きいと聞きます。横断的・総合的な課題にしても、児童の興味・関心に基づく課題にしても、地域や学校の特色に応じた課題にしても、その教材作りは並たいていではありません。さらに、学級の枠を超えた学習形態でも地域の人々の協力を得る場合でも、指導体制・連絡・調整に想像以上の時間と労力を使うものです。〈外部の人材の協力も得〉るとは言っても、それで負担の大幅な軽減を望むことはできません。

これらのことを考えることなく、「総合的な学習」に学校の条件を超えた活動を求めるならば、かえって〈ゆとり〉を失い、教科学習の教材研究が十分できなくなるでしょう。今でも超過勤務や仕事のもち帰りなどでストレス、疲労が蓄積している教職員の状況にあって、さらなる負担は、「総合的な学習」を長続きさせるものにはなりません。かつて「ゆとりの時間」が、子どもにとっても教職員にとっても「ゆとり」ないものになり、結局長続きするものとならなかったことが思い出されます。加えて、「総合的な学習」が「特色ある学校づくり」の目玉として学校間競争に利用されることにでもなれば、教職員の過重負担がいっそう大きくなるでしょう。

教職員のゆとりがなくなると、〈外部の人材の協力〉による外国語教育とコンピューター教育に落ち着くということになりかねません。それが〈特色ある学校づくり〉の成果をアピールしやすいものでもあるからです。中教審専門委員・教課審委員でもある山際隆氏（富山大学）の〈小学校では外国語教育と情報教育が重視される〉といった方向付けがあれば、なおさらその方向に流れてしまうのではないでしょうか。

5 「総合的な学習」の自主編成をどうすればいいか

「要領」の中で「総合的な学習」の学習活動については〈各学校において〉〈学校の実態に応じた学習活動を行なうものとする〉とうたわれています。

これには積極的な意味があります。つまり、教育内容を教育現場で自主編成することの可能性が出てきたことです。これまで、「要領」に定められた枠にしばられた上に、教科書にない自主教材を扱うことが、ゆるされない教育現場さえあったことを考えれば「総合的な学習」に限られているとは言え、学習活動の自由がひろがる可能性が出たのではないでしょうか。

先にあげたような「総合的な学習」のさまざまな問題に配慮しながら、「総合的な学習」を自主編成する際の観点を示したいと思います。

一つめは、「総合的な学習」による特色のある学校作りのためとか、学校間競争に利用するのではなく、子どもの実態や願いから取り組むことです。

二つめは、教科学習でしっかりした学力をつけ、それが「総合的な学習」に生かされるようにすることです。その際、「新しい学力観」やいわゆる「方法知」重視による教育的にあまり意味のない活動主義に陥ることをさけ、教科の系統性に沿った体験を工夫することです。

三つめは、子どもの発達段階に沿った系統的な指導を考えることです。文芸研が提案している認識の方法による系統的指導も参考になるでしょう。横断的・合科的な学習をする場合にも、テーマだけでなく認識の方法で結びつけることもできます。

四つめは、子どもたちに主体性をもたせながらも、教師は指導のねらいをもち、しっかりとした方向づけ（指導）をすることです。

五つめは、例として出された五つのテーマだけでなく、今まで教科学習でおこなってきた総合的学習や、特活や学校行事などでおこなってきたものを「総合的な学習」の中に位置づけ、無理のない、長続きする実践にすることです。

（藤井和壽）

第四章　総合的学習の歴史に学ぶ

――総合的学習の歴史的系譜から――

はじめに

中教審による「二十一世紀を展望した教育のめざす方向」は、「生きる力」の育成という観点に立った新学習指導要領において、従来の「教科」「道徳」「特別活動」に、新たに「総合的な学習の時間」を附加した教育課程として示されることで具体化されました。

「生きる力」の育成という直接的な課題を負ったこの「総合的な学習の時間」は、現行指導要領（一九八九年）に登場した体験重視、子どもの自主性・自発性育成をめざす小学校低学年の「生活科」の理念を、発展的に小学校から高校まで拡大し、教科外の教育課程として位置づけたものです。

現代学校教育において、子どもたち一人ひとりに豊かな人格形成と生きる力を育むという公教育のねらいの達成が、きわめて困難な状況にあることは周知の事実です。だからこそ、二十一世紀に生きる子どもたちに知・情・意を兼ね備え、〈学び方やものの見方を身に付け〉、〈主体的創造的に〉〈自己の生き方〉を育成し、たくましく生き抜く人間になってほしいということは、中教審ならずとも誰もが願うところです。

その方策としてのこの「総合的な学習の時間」は、明治に入ってわが国における近代学校制度が確立してから今日まで、先人たちが模索創造してきた総合的学習の理念と実践を生かして、発展的に現代的課題と子どもの発達課題を連結させて機能させるものとして登場したとすれば評価できます。けれども、そのねらいと本質及び多様な試行的実践を見るとき、必ずしもそうではないことは藤井（本書第三章）、野澤（『文芸研の総合学習（実践編）』）の論述によっても明らかです。

しかしながら、近代学校制度がはじまって以来、教科学習の学びが子どもの生き方を育てないという矛盾を克服するために探求されてきた総合的学習の意味の大きさを考えると、公教育における教育課程に「総合的な学習の時間」という形にしろ位置づけられたことを主体的に受けとめ、今日的課題を含んだ真の「総合学習」探求と創造の糸口にしなければなりません。

そのために、本章では、そもそも総合的学習の理念・思想とは何か、また、明治以降のわが国の教育史において、総合的学習がどのように萌芽し、実践され、理念化されてきたのかを明らかにすることによって、今後の総合的学習のあるべき方向をさぐることを目的とします。

1　総合的学習の思想

総合的学習の思想的源流は、生活教育の先駆者ペスタロッチの教育思想にあります。ペスタロッチ（一七四六〜一八二七）の〈生活が人を育てる〉は近代における教育の原則の一つです。わが国における近代公教育の成立は、教材を媒介とし、近代的な諸教科の知識を伝達することによって、近代国家形成の目標に沿う人間育成をするという責務を負いました。しかし、結果として、画一的一斉教授という学校教育は学びを受け身に組織し、生活と生産に直結した自発的学習や生き方形成との乖離を招くという矛盾を引き起こしました。

ペスタロッチはそのような矛盾を克服するために、一つの学校で、読み書き算術等の教科学習においては、実物を使い直観に働きかける直観教授法を導入する一方、身の回りの仕事、奉仕、裁縫、畑仕事等の生活教育をおこなうという「二重学校」の実験をしています。そのことによって、学びと生活の乖離を克服しようとしたのです。

このペスタロッチの学校における教科学習と生活教育との「二重学校」という考え方が近代教育思想との関連で生み出されたわが国における総合的学習の源流をなしています。

したがって総合的学習の思想とは、子どもの自発性を生かして学びと生活との結合を重視すること、すなわち、生活教育の思想を基底にすえるということです。それ故、総合的学習は教育における目的概念として成立してきたのです。そこから「学習の生活化」「学校の生活化」が志向されるのです。十九世紀から二十世紀初頭にかけて、欧米ではシュタイナー学校（独）、フレネ学校（仏）などの新教育学校において実験的に、子どもの自発性に基づく活動重視の総合的学習が実践されたのは歴史の示すとおりです。

それでは、子どもの自発性を重んじ「生活が人を育てる」教育思想をもつ総合的学習は、わが国ではどのように萌芽し、発展してきたのでしょうか。

2　明治期における萌芽

(1)　教授法改善として

明治十年代は学校制度の確立したときです。欧米を手本にはじまった学校教育は、学級という共通の学びの場において一斉教授をするということでした。知識の伝達を生きたものにするための改善策として、アメリカにおけるペスタロッチ教育の影響と言われる実物や掛図を使って子どもの直観に働きかける実物教授法や、注入主義教授法に代わるものとして問答をくりかえしながら学習をすすめる、「開発主義教授法」などが取り入れられました。

明治二十年代は、〈教授とは子どもの持つ『人間の自然』と『文化遺産』をつなぐ仕事であり、子どもの自発的な意欲に支えられた『興味』がこの両者をつなぐ〉というヘルバルト理論が導入されました。そして、その教授法として直観から概念への認識過程を心理学に求めた「予備・提示・比較・総括・応用」の五段階の教授理論は、新しい理論として教科書編成にも影響を及ぼしました。

しかしヘルバルト教育学は、その目的を倫理学に置くところから、教育勅語の国家主義教育の方法に転化され、やがて、どの教科にも活用され、機械的・形式的教授傾向を招いたとされます。

このように、明治前半における総合的学習への接近は、近代国家形成に沿う教科内容伝達の枠組みにおける教授法の改善として見られたのです。

(2) 総合的学習の試みとその萌芽

明治三十〜四十年代は、日清、日露戦争を経て国家主義思想はいっそうすすみ、教育勅語に基づく教育がおしすすめられました。この時期の教育思想としてドイツのベルゲマン・ナトルプらの「社会教育学説」、アメリカのデューイの『学校と社会』（一八九九年・邦訳一九〇一年）や作業主義教育の紹介等の影響による「教育の社会性」の重視があげられます。その中で個別学習、分団学習の教授法や総合的学習の萌芽とも言うべき樋口勘次郎の「統合活動主義教育」や棚橋源次郎の「実科教授論」等の教育が提唱実践されました。

樋口や棚橋の先駆的実践は画一的注入主義の天皇制教育の中にあっては大きな潮流にはなりませんでしたが、大正期に花開く新教育に向けてその地平を切り拓くものとなりました。

ア　樋口勘次郎の統合（活動）主義教育

東京師範付属小訓導の樋口は、子どもの自発性や個性を抑圧する教育の現状を批判し、〈子どもには知らんとし、感じんとし、意思せんとする、天賦の活動充満し常に発散を求め、片時も静止しない力が秘められている〉として、教授における統合と子どもの自発的活動を重視して『統合主義新教授法』（一八九九年）を著しました。

樋口は維新以来の教育は統一がないとして、諸教科を親密に関連させて統合的な知識として理解させようとしました。その統合の中核に、地理や理科等の自然科学的教材を置き、実地、実物の直接体験を重視するカリキュラム改造をしたのです。その実践として、「飛鳥山遠足」がよく知られています。

それは一八九六年十一月七日に尋常二年生三十七人を引率しておこなわれた、上野から飛鳥山（現北区王子町）まで往復六キロの遠足の取り組みです。子どもにあらかじめ意図した地点の自然、様子を観察させ、実地学習としたのです。地図をもたせ主要施設の確認、不忍池や山林の動植物、農地の様子等の観察をさせたのです。遠足の教育的意味は、子どもの自発性と実地体験を生かし、それを学ばせるべき教授内容との関連でとらえて実践したところにあります。それは樋口がこの取り組みの評価を、「教授すべき学問上の観点」として、「動物学　植物学　農業　商業　工業　地理　地質　人類学　物理学　詩　修身作文等」に置いているということからも明らかです。樋口は学問的観点からの統合的・活動的実践創造を意図していたのです。当時の遠足が心身の鍛錬の手段としての性格であったことを考えるときわめて革新的であったと言えます。

このように、子どもの自発性と実地を重視し、統合的に学ばせようとした樋口の「統合主義的教育」論は、明治期における総合教育の理念と実践の萌芽と評価できます。しかし、樋口のめざす活動主義的人間像は、必ずしもペスタロッチやルソーなどの近代教育思想の実現を意図したそれではなく、絶対主義的教育のめざす人間育成への改良であったと見られているところに限界がありました。

イ　棚橋源太郎の「実科教授論」

東京師範付属小訓導の棚橋は、国家主義的・道徳主義的訓育の教科教授の現実を批判し、一・二年の「直観教授」、三・四年の「郷土科」の特設を構想しました。彼もまた子どもの活動を重視し、身近な自然等の直接観察を通して認識の拡大を考えました。この「直観教授」「郷土科」等の教科は、地理、歴史、理科等の本科に対する共通基礎学習としての実科であり、総合的学習とも言うべきものであります。

尋常一年の「直観教授」細目によると、週一時間扱いで、第一週は「家庭・家族・人体部分」、三・四週は「学校」、五週は「自然」というテーマとなっています。四年の「郷土科」細目では、週三時間の教育課程が組まれ、たとえば、一・二週は「隅田川河口の永代橋・両国橋上の観察と比較（河巾、船の種類、搭載物、水産物）、三稜州の成因等」、三・四週は「品川付近の潮汐、沿海の動植物、品川町や鈴ケ森の歴史等」、五・六週は「王子付近の地勢、自然、社会の観察」、第十一・十二週は「東京市の地勢、気候、交通、人口、職業等」を内容としています。

このような構想に基づく棚橋の実践的研究は『尋常小学校における実科教授法』（一九〇三年）として発表され、その翌年附属小における「尋常小学校地理歴史理科」という名称の総合教科へ発展しました。これは明治期の新教育胎動の仕上げを示すものとの評価がなされています。

棚橋の総合的学習は、樋口の理念をふまえ教科として位置づけたという点で発展があります。しかし、「直観教授」や「郷土科」という総合的学習の軸となる基本原理や教科内容の系統性について明確ではありません。

3　大正期新教育思想のうねりの中での実験

(1)　大正デモクラシーと新教育

第一次大戦後の資本主義的発展と矛盾の中で、自由主義、民主主義を求める大正デモクラシーが政治、言論の思潮となり、文学、芸術、教育にまで及んだのは周知の事実です。児童文学の世界でも童心主義的・芸術主義的児童文学創造をめざし、鈴木三重吉により「赤い鳥」運動（一九一八年）が提唱され、児童文学におけるエレン・ケイの「児童の世紀」の幕開けとなりました。子どもの感性を尊重するこの運動の果たした教育的役割は、綴り方、自由画、童謡にまで及ぶなど大きいものがあります。

教育にあっては、欧米の新教育思想の影響を受け、明治期の教育を排し、子どもの個性、自発性、創造性尊重の教育改造が潮流となります。単なる教授法革新ではなく、教育全体を見通した学校全体の革新であったところに発展があります。

では、こうした大正自由主義教育運動の中で明治期に萌芽した総合的学習はどのような展開と発展を見せたでしょうか。

(2) 総合的学習の発展

ア 牧口常三郎の郷土教育

牧口は自然と人間のかかわりを重視し『教授の統合中心としての郷土科研究』(一九一二年)を著し、遊離、散漫、断片の各学科を一つの有機体系に融合・統一して、教科教授内容と実生活を連結させる「郷土科」を中核にすることを説きました。牧口は郷土科の内容基準を、①各教科に直接関係する事柄、②人生に必要な程度如何による選択、③「児童の心力」におきました。

郷土の土地、人生、自然、社会等の諸関係を直接経験重視で理解させようとしたのです。牧口は、さらに郷土科の自然的・社会的・政治的・経済的内容をつなぐ中核を〈自然現象〉と〈人生現象〉と考え、そこを横軸に各教科との接点を求めました。その意味では、軸を明確にさせた総合的学習であり、棚橋の実科教授の理念をより深化発展せしめているものと言えましょう。

しかし、この「郷土科」は各教科の準備的教科とされているところから、教科固有の認識の指導との相互関連では一定の限界があります。教科内容も国定教科書の合理的改編の範疇に留まっているところに、棚橋の試みを発展させつつも、新教育運動の高まりへ引き継がれるべき課題を残していました。

イ 「新学校」に見る総合的学習――澤柳政太郎の「成城学園」に見る――

新教育思想の高まりとうねりの中で、成城学園（一九一七年）、自由学園（一九二一年）、明星学園（一九二四年）、児童の村小学校（一九二四年）等の私立の新学校設立とともに、子どもの個性尊重を理念とする児童中心主義教育の創造、その理想の実現へ向けた壮大な実験がはじまりました。

元京大総長の澤柳政太郎は明治期の教育を批判し「個性の尊重」「自然と親しむ」「心情の教育」「科学的研究を基礎とする教育」の四点を理念に児童中心の実験校「成城学園」を創立しました。澤柳は一〜三年の修身を廃止し、英語、自然科を一年から特設するなど教科目の改編をおこない、学級定員数（三十人）、日課時間の単位時間（低学年三十分、中学年三十五分、高学年四十分）、二重学年制等も含めて、学校全体の教育課程の改革をおこないました。そして、教育課程の全構造の有機的関連により、先の理念の実現をめざしたのです。

総合的学習の観点からは、自然や社会を対象に直接的体験によって学ぶという「自然科」の特設による教育的営為が位置づけられます。「自然科」の実践においては、既存の教科観を超えて、一斉教授による知識伝達によらず、直接観察により自然に親しませ、観察を通して動植物、鉱物、天文等を総合的に学習させようとしました。子どもを自然に解放し、あらゆる自然現象にふれさせ、体験的に学ばせようとしたのです。

成城学園における児童中心の教育は、子どもの自発的活動に基づく生活経験を重視し、それを自然に求めていたのです。

ウ　附属小学校に見る総合的学習――杉崎瑢の自然学習――

長野師範付属小学校訓導の杉崎は、「研究学級」（一九一七年）を設立し、成城学園より歩をすすめた野外における自然学習を提唱しました。杉崎は、教育内容も形式も国家に統制されているとの批判的認識から、〈学校の教育は児童の生活の中核をなすもの、教科は児童の生活から児童の生活にみちびかれて児童の生活を規制するものでなくてはならない。児童の生活をおもんじ、児童はその生活から学ぶことである。児童はみずから歩んで行く。わたしたちは児童を歩ませる。そこに教育を発見し創造することである。〉として、児童の生活を重視しました。生活から教科へという形で教科と生活の結合を試みたのです。杉崎は、生活からの教育は、教科目や時間割を超越するとして、生活空間を郊外にまで広げます。

一年では、徹底した郊外遊びによる身体訓練、自然や社会の観察学習をします。教科学習は子どもの生活と仕事の必要から組み立てられ、文字学習は七月からはじめます。中学年では、集団による鶏の飼育活動がなされるとともに、算数、読み方、理科等の教科が配置されます。高学年では、それまでの学習で培った力（観察・調査・読書）を生かし、「長野市研究学習」へと発展させた、長野市を素材にした総合的学習が展開されます。

杉崎の実践は教材配列された国定教科書による教育の枠を超え、既存の教科、教育課程に規制されず子どもの生活を重視するという観点から、野外における自然を学習の場としているのです。その自然（生活）学習を軸に教科学習の組み替えをはかります。この自然学習は生活教育の思想の徹底した取り組みです。

このように子どもの生活を中核にした教育課程の創造と実践は、戦後の生活単元学習の先駆けであり、徹底した学習の生活と教科の生活化をめざした総合的学習です。真に子どもの立場に立ち、生活教育の理念に根ざした骨太な総合教育であり、まさに総合的学習と言えます。大正期の生活教育の典型的実践と評価できます。しかし、教科固有の認識の教育との関連については、課題を残します。これは戦後へと続く課題となります。

エ　木下竹次の「合科学習」論

奈良付属小は、一九一九年に着任した木下の学習理論を武器に、大正期の自由教育の典型と評される実践を展開しました。木下が『学習原論』（一九二三年）を著した年には、付属小への年間参観者が二万人を超えたと言いますから、その影響の大きさは驚くばかりです。木下は明治以降の教育を「他律教育」「主知主義教育」「個性没却教育」と批判し、プラグマティズムの理念に立ち〈生きることは生きることによって学習〉すべきとして生活体験の重視し、生活即学習の立場を取ります。

しかし、木下は生活の中に学習を埋没させてはいません。子どもの人格育成の立場から「教授（知識習得の方法）」と「学習と訓育（修養の方法）」と「養護（身体発達の方法）」の三概念を「渾一的作用」としての「学習」に統一し、「学習方法一元論」を主張しているのです。そしてその中核に生活をおいたのです。木下は〈自己深化、自己発展、理想の到達、生活創造、渾一的（社会的、道徳的、経済的、科学的、芸術的、宗教的六方面からの）な自己実現―社会的自己建設、社会文化創造〉の主体育成をねらい、〈学習者自ら全一的生活をとげて全人格の渾一的発展を図〉るため「合科学習」を提起したのです。

木下の言うところの「合科」とは「分科」を合わせた合科ではなく、〈渾一体として学習する方法〉、すなわち総合的学習そのものです。木下は教科の分科学習と合科学習を二元的にとらえず、生活を中核にして合科の中に分科を、分科の中に合科をと統一してとらえます。分科学習（教科）と合科学習（総合的学習）は、相協同するものとし、合科学習を大合科、中合科、小合科の三つに分けます。人生全体の環境中心の生活単位を定めた大合科（低学年〈一概に定めがたいが第三学年位まで〉）から、〈凡そ第四学年から〉人生全体を文科・理科・技能科に範囲を定めた生活単位の中合科へ、さらには人生を小さく区分した各教科ごとに生活単位を決める小合科へと移っていくのです。

木下の合科学習論は、国定教科書による国の教育政策を突き崩す先進性を秘めていましたが、その実践において、生活の概念や学習内容の順次性、系統性については不明確であるとの批判もあります。しかし、全一的な人格形成を意図したこの渾一的な「合科学習」論は深く学ぶ必要があります。大正期における総合的学習の理念の定立とも言えます。

新学校だけでなく、このように官立の学校においても、新しい教育課程編成が試みられたことは総合的学習の歴史として確認しなければなりません。

大正期における総合的学習は、実生活との結合が重視され、直観教授、郷土科、自然科等のように教科カリキュラムとは別の総合的学習カリキュラムが作られます。この二重構造のカリキュラムは杉崎や木下の理論と実践の中で、生活を中核に〈教科・分科〉と〈生活・合科（総合）〉との相関・相補的関係をふまえ、総合的に一つのものにせり上げられます。大正期の総合的学習は児童中心の教育をめざして、生活教育の思想との接点でその原型を鮮やかに創り出したと言えます。

4　昭和初期（戦前）における総合的学習

(1)　社会的存在としての子どもを視座して

昭和に入ると、不況の嵐は深刻となります。農村の貧窮にあって、子どもたちの重く厳しい生活現実を眼前にした教師たちは、新たな教育課題を認識せざるをえませんでした。それは、社会的存在としての生活者である子どもの生活現実に根ざした教育の模索です。大正期の総合的学習の生活重視が自然観察から出発しているのに対し、この時期は生活現実重視という社会観察を基点としていました。

さらに、時局は満州事変（一九三一年）、日華事変（一九三七年）、太平洋戦争（一九四一年）へとすすみ、軍国主義教育がおしすすめられます。こうした社会的政治的状況下にあって、〈教育が将来の社会を建設するべき未来の成員を養成する〉との教育理念をかかげた新興教育運動や、生活現実の直視による表現を通して、生活者としての子どもを育てるという生活綴方教育運動が起こってきたのは必然でした。

生活綴方教育運動は、地域の生活台に生きる子どもを直視した教育的営為です。大正期の新教育や総合的学習の取り組みが、私立学校や付属小学校にとどまったのに対し、この教育的営為は農村の窮状の激しい東北の一般の小学校からはじまったことは注目すべきところです。

生活綴方教育は、生活現実の直視によって社会、自然、生活を認識させ、生きる主体づくりをめざすという教育的理念と方法をもつ生活教育そのものであったと言えます。

ここでは生活綴方に着目し、その理論的・実践的指導者である村山俊太郎の「調べる綴方」観に焦点をあてて、総合的学習との関連を見てみます。

(2) 村山俊太郎の「調べる綴方」に見る

村山は綴方による社会観察において、科学的な方法による調査と科学的な認識を重視しています。村山は「生活調査と綴方——農村における理論と実践——」(『教育・国語教育』第2巻4号掲載論文、一九三二年)において〈はっきりと、子供の綴方においては現実の生活事実を科学的に—従って方法的には、観察、調査、分析、比較、考察等々のことを重視する—認識をさせるものでなければならない〉と述べています。

また、綴方は〈旺盛な児童の行動形態だ〉として、〈計画的に、①自然観察—自然科学的に社会生活との関連において実験させ、観察させて、認識させる。②生活調査—社会科学的に農村と現実との関係において調査させ認識させる。この二つの方向に進展させ、建設させていくところに綴方の新しい任務がある〉と、科学的に社会生活を観察・調査・認識させることを重視します。

さらに、農村における綴方の調査目標を、〈①歴史的・伝統的環境の分野、②自然的・環境の分野、③社会的・生活的環境の分野(下部構造的基礎的物質的分野、上部的文化的関係の分野)〉、として、ここから科学的に体系化された農村における綴方の指導系統案も生まれるべきだとしています。

具体的実践として、六年生の女子の「トマト日記」をあげて解説しています。これは〈家の仕事について、観察したり調査したりする日記を書きましょう〉として書かせたものです。その指導の観点として、①文の製作態度、②題材のとらえ方、③調査態度、④発表形態、⑤表現方法、をあげています。その中の

「調査態度」について、〈①温床の作り方、②トマト栽培の肥料、③播種の方法、④温床の手入れ、⑤移植の方法、などを調査経験した事実は、農家の児童として、生産技術の体得である〉と評価するのです。その上で、今後の指導について〈このトマト日記がもっと継続され、トマトの収穫や、販売による経済的関係の調査研究によって、生産労働の社会的役割—特に、現社会における階級的な—を認識させるところに指導がある〉と方向づけするのです。

村山は綴方を、人間の生活形態を訓練していくところの一つの技術であるととらえ、「児童の生活形態を、認識形態・行動形態・表現形態の三分野」と考えています。

こうした「調べる綴方」に見る村山の生活綴方観は、〈認識と行動と表現〉を統一的に把握し、社会観察から認識を科学的に深めさせ、生産労働における階級的役割まで認識させるというものです。分科としての「綴方」表現を武器に生産労働や自然や社会の本質を認識させ、「表現主体、認識主体、行動主体」を育てようとするもので、「科学的方法」と「認識」を軸にした総合的学習の大切な原則を提示していると考えられます。

昭和初期においては、この他生活綴方に影響を与えたとされる郷土教育運動（郷土調査—自然社会を総合的に学ぶ）や、児童の村小学校の「観察科」（綴方と結びつき、自然社会の観察から生活課題に関連させて認識させる）等の実践もあります。しかし社会、政治の厳しい状況に抗いながらこれを突き抜けようとした壮絶な教育的営為も、やがて、壊滅させられていきます。

明治以来築き上げられてきた総合的学習の理念は、太平洋戦争とともに改正された小学校令（一九四一年）により小学校が「国民学校」となり、そこでは〈皇国ノ道ニ則リテ〉〈国民ノ基礎的練成ヲ為ス〉という教育目的のために教科、儀式、行事を関連総合させるという軍国主義的教育にあって変質していきます。

5　戦後教育に見る総合的学習の創造

(1)　戦後初期における総合的学習

ア　経験カリキュラム（生活単元学習）

戦後教育は憲法と教育基本法を理念として、平和と真理を希求する人間育成を目的に出発しました。一九四七年の「学習指導要領一般編」（試案、以下「試案」）では、これまでの中央集権的教育のあり方を深く反省し、その上で〈それぞれの地域社会の特性〉と〈児童を知って、たえず教育の内容についても、方法についても〉、画一的でなく創意工夫をして、〈下からみんなで〉作り上げ、教育の目的に達するよう教師の自主性を促し励ましています。戦後の教育はここを出発点としてはじまりました。

そして、戦前のような教科カリキュラムではなく子どもの生活経験を重視し、学習は生活経験そのものを中核（以下「コア」）にして組織するという、活動中心の経験カリキュラムの生活単元学習へと転換されたのです。教育方法も、討議法や問題解決学習が重視されました。大正自由教育運動で探求されてきた児童中心、生活重視、体験重視の生活教育の思想が地下水脈から噴出したようでもありました。これが、生活を「コア」とする単元学習のカリキュラム開発の大きな動きになっていくのです。

ところで「試案」では、新しい教科として、総合的学習への発展の芽をもった「自由研究の時間」とともに、「修身　公民　地理　歴史」にかわって「社会科」が登場し、カリキュラム開発の花形となります。そして生活単元学習の「コア」として脚光を浴びるのです。子どもにとっての望ましいひとまとまりの生活経験（「単元」）は、市民生活における必要な社会的諸機構（たとえば、保健所、市役所、消防署、警察署等）やそこで働く人々についての理解であり、市民生活との相互依存関係の理解にあるとされ、自ずと社会科が基本教科（「コア」）として迎えられたのです。この生活経験と社会科を「コア」とする戦後初期におけるカリキュラムづくりの教育的営為は、全国的に取り組まれた戦後最初の総合的学習であり、社会科学習そのものが総合的学習ともなったのです。

イ　コア・カリキュラムづくりの取り組み

一九四八年には「コア・カリキュラム連盟」も誕生し、コア・ブームの中で自由かつ自主的なカリキュラムづくりが各地で次々に展開されます。

東京の桜田小学校では、社会科の実験校として、日本最初（一九四七年）の社会科の授業である「郵便ごっこ」（二年、日下部しげ教諭）がおこなわれ、子どもと教師が一体となって学ぶ新しい授業の方法との評価を受けました。この授業は子どもの自発性、活動を重視した「なすことによって学ぶ」という経験主義教育の先駆けとなったのです。桜田小学校は社会科を中心とした教育計画「桜田プラン」を作成しました。

神奈川県福沢小学校は、農村という地域社会に立脚した社会科の研究から出発し、教科としての社会科を超え、より幅のひろい「社会問題を中心とする学習」と、児童の日常的現実生活を組織した「生活律動課程」を軸とした「生活カリキュラム」(福沢プラン)を構築しました。

この他、社会科中心の総合的学習プランを作成した明石プラン(兵庫県)、社会科的内容と理科的内容を総合した「作業単元」のコースをもつ北条プラン(千葉県)などがあります。学校における社会科中心のカリキュラムづくりは、自ずと地域単位の地域教育計画にも発展したことは、必然であったと思われます。

埼玉県川口市は、市全域にわたる社会機能の調査から引き出された社会課題を明らかにした地域カリキュラムプラン(川口プラン)を作成しました。そして、そのプランに基づき学校では学習対象を発達段階に即して決定したのです。

同様に広島県本郷町でも、市の委員会で調査された市の現実課題を明らかにした本郷プランに基づき、〈生活を教育的に編成する〉との立場から学校では単元構成がなされました。この他にも魚崎プラン(兵庫県)、金透プラン(福島県)等の地域教育計画があげられます。

こうした社会科や地域課題を「コア」とした二つのカリキュラムづくりの取り組みが、戦後の荒廃した地域現実にあって、その地域改善と結びついたのは必然であったと言えましょう。しかし一方経験カリキュラムは、各教科の生活科、学習の生活化の重視と展開の中で、「這いまわる経験主義」との批判も生まれ、教科の系統性の重視が叫ばれたのです。

このような状況にあって、地域現実に根ざし、社会科や綴方を中心に生活主体を総合的に育てるというすぐれた総合的学習の実践が、民間教育運動の発展とともに、一九五〇年代になると次々と紹介されます。

ウ　大いなる創造

まず今井誉次郎の『農村社会科カリキュラムの実践』(一九五〇年)はすぐれた総合的学習として評価

されます。今井におけるカリキュラム創造の根底となる考えを見てみましょう。教育課程を組むにあたり今井は、封建制そのままの鋤鍬農業と、一部に〈百姓に学問はいらない〉という現実を直視し、農業の近代化への方向づけをするとともに、都市に劣らぬ基礎学力をつける教科課程を組むことを重視しました。今井は生活経験中心の総合的教科構成より、分科的教科構成の模索をしたのです。教科学習は、新教育の長所である単元作業的学習を取り入れました。教科によっては、教材的カリキュラムと経験的カリキュラムに分けています。国語、算数等は道具教科として位置づけていますが〈道具としてしっかり身につけるために〉教材カリキュラムとして学ばせるという指摘は重要です。これはその後の教科の系統性、科学性探求の流れともなります。今井は社会科学習の任務を〈現状を改めることある〉〈経済的自立は日本社会の独立を意味する。独立を任務とする社会科は現状維持ではすまない〉とし、その内容として、①基本的人権確立のための協同、②生産の高度の発展、③農業の近代化、の三つをあげています。

さらに、カリキュラム作成方針として、①社会機能によるカリキュラムづくりから社会問題によるカリキュラムづくりへと重点を移動する（川口プランについては、〈川口社会の課題は、日本の課題への視座が必要〉と批判）、②郷土に即した具体から出発するが、日本の課題に関係するものを出発点とする、③歴史的発展を重視する、④科学的世界観の徹底をはかる、⑤系統的知識を重視する、⑥理論と実践の統一をはかる、⑦協同組織を重視する、等の七つをあげています。（『今井誉次郎著作集3・社会科教育論』）

ここには、日本の課題を見すえて地域課題をとらえること、科学的世界観の徹底、系統的知識の重視等、カリキュラムの中核になる重要な要素が把握されています。しかもこれらは、五十年代以降の教育の動きにおいて重視される事柄なのです。今井のこうした考えに基づき、同書には各学年の計画と実践が提起されています。

また、無着成恭は、一九五一年、生活綴方の復興とともに厳しい地域現実を直視させ、綴方をテコに子どもたちに確かな現実認識と生き方を育んだ『山びこ学校』の実践を世に問い、注目を浴びました。

相川日出雄は一九五四年、『新しい地歴教育』を著しました。これは郷土の地理の調査・見学という戦後の学習法を生かし、社会科学習（四年）と綴方（作文、詩）、版画等の表現活動とを関連させた、総合的学習とも言うべき実践です。

この他、人間のいる社会科学習を、との強い願いをもって「学級づくりを基盤に、子どものリアルな生活問題を出発点にして社会科の実践」を展開した、鈴木喜代春の『社会科の革命』（一九五八年）も、綴方と関連させた主体者を育てる総合的学習としてのすぐれた社会科の実践です。

エ　日本教育生活教育連盟の「日本社会の基本問題」のさし示すもの

戦後の経験カリキュラム批判は、教科の系統性や、地域課題から日本の課題に接近させることの重要性に関連して出されてきました。日本生活教育連盟（以下略称「日生連」）の前身コア・カリキュラム連盟は、一九五一年、そうした状況の下で教育課程の全構造を、①日常生活課程（生産過程―子どもにとって「遊び」での生活の仕方、労働の仕方を学ぶ）、②中心課程（主に社会科、問題解決課程）、③系統課程（文化遺産を身につける基礎課程、系統単元課程）と規定します。「系統課程」の位置づけは、今井の教材カリキュラム論とも重なりますが、道具教科ではなく教科固有の思想性を追求する糸口ともなる位置づけです。また、この教育課程の規定は、戦後のカリキュラム開発の取り組みを発展的に総括したものと評価できます。

日生連（一九五三年改称）は、朝鮮戦争を期に再び教育の国家統制の危機が迫る中、社会科改悪の動きに抗して、一九五五年、社会科の新たな内容構成として「日本社会の基本問題」に迫る「社会科指導計画（総説編）」を提起しました。これは、社会科で取り上げる日本の課題を明らかにしたものです。そこでは、①自然災害、②健康問題、③農山漁村問題、④中小企業問題、⑤工業・労働問題、⑥現代文化問題、⑦社会計画化問題、⑧現代政治の問題、⑨民族と平和の問題、の九つを当時の日本の課題として取り上げています。それを、学習主体の子どもの発達に合わせて身近な問題と結びつけて単元構成するとしているのです。その翌年、日生連は「社会科指導計画・実践編」を出しました。

日生連による「日本社会の基本問題」提起の背景には、日生連会員による日本の歴史的課題への意欲的な実践の成果があったと言われます。たとえば、江口武正（新潟）の「越後米」、永田時雄（京都）の「西陣織」、丸木政臣・吉田定俊（熊本）の「水害と市政」等の実践です。こうした日本の課題にかかわる地域課題の問題解決をはかろうとする学習は、自ずと総合的学習の性格を帯びるのです。

この提起は、社会科の構造論をどうとらえるか、何をどう教えるか、その順次性はどうするか等、教科としての社会科の本質にかかわるその後の研究課題をも浮き彫りにしています。しかし、何よりも、社会機能から現実的地域課題・日本の課題を総合的に問題解決させていくというこの社会科の基本的内容の明確化は、その後（六十年以降）の高度経済成長期の社会科学習や総合的学習の課題をとらえる視点を明示しています。

(2) 高度経済成長期の課題を担って

ア 地域的国民的課題の総合的学習

六十年代から七十年代にかけての高度経済成長の進行に伴い、地域や自然の環境破壊がすすみ、都市化、核家族化、鍵っ子、塾通いの増加、文化の変質など子どもを取り巻く環境は悪化しました。そして、子どもの感性の枯渇も問題になりはじめます。八十年代に入り、子どもの生活リズムの崩れ、心と体の歪み、受験加熱等、環境の悪化は子どもの人間的成長にも影を色濃く落としました。

そうした状況にあって公害学習、副読本「にんげん」「原爆・平和」等を使用した人権教育、平和教育、さらには性教育、環境教育等の実践は、各教科と関連しつつ、新たなる地域的・国民的課題として取り組まれたこの期における総合的学習として位置づけられます。

イ 豊かな学級文化活動創造

子どもの人間的成長の危機にあって、教師たちが子どものたちの人間的要求を大切にした豊かな学級文化活動を創造したことも、文化的な総合的学習として位置づけられます。

鈴木孝雄の『学級文化活動と集団作り—学級新聞「ブタとアヒル」の物語』（一九六七年）は、子どもを取り巻く環境の変化の中で、子どもの人間要求の願いをふまえ、飼育活動を通して人間的発達課題に迫る文化活動としての総合的学習の実践です。

深沢義旻は、教科指導における認識と表現の力を生かして、質の高い文化創造への取り組みをしました。協同版画づくり、協同作文、詩集づくり、歴史学習を背景に生み出された子どもたちの綴る「日本歴史物語」等、その質の高さにおいて、眼を見張るものがあります。深沢は国語、社会、理科、美術などにおいて、教科の科学をふまえた質の高い授業の創造をめざし、そこで獲得させた認識と表現の力を学級集団におけるすぐれた文化創造活動へと発展させているのです。深沢の学級文化創造に見る理念と実践は、今なお学ぶべき現代的価値をもった教育的営為です。

なお、深沢の実践は『父母集団と学級づくり』（一九六九年）、『児童詩誕生』（一九七〇年）、『教室実践と文化の創造』（一九七三年）、『刻む歌が聞こえる—共同版画の作り方—』（一九八二年）等に著されています。

こうした文化活動の取り組みは、その後、全国的にも学級文化をこえて集団の質を高める音楽会、学芸会、運動会、卒業式等、学校行事の創造として展開され、総合的学習の性格づけがなされます。

(3)　総合的学習の理念の定立と実践

ア　総合的学習の理念の定立

日本教職員組合の教育制度検討委員会は、一九七四年の最終報告書で、教育内容改革の提言をおこないました。そこでは文部省の〈教科・道徳・特別活動〉三領域の教育課程に対して、〈教科・総合学習・自治的諸活動〉という新たな教育課程構想が発表されました。さらに、同年日教組の設置した中央教育課程検討委員会は、一九七六年、「教育課程改革試案」を発表しました。

試案では〈今日、日本の学校と社会は問題に充ち、子ども・青年の人間的成長は困難な状況におかれている。日本の学校を能力主義の観点から再編しようとする動きは、一九六〇年代からとみに激しくなり、そのため、すでに幼稚園から競争がはじまり、学校より塾通いに熱心な子どもも増えている。〉〈教育の国家主義的統制と能力主義的再編の過程で、平和教育、民主教育の理想も大きくゆがめられている。〉と現状を指摘しています。

そして、〈現代学校の任務〉について〈教育が政治や経済の要求に従属させられるのでなく、教育的価値の実現こそはかられなければならない。〉〈学校は、身体的発達と健康に配慮し、科学的真実や芸術的価値の学習を通して、国民的教養を形成し、未来の主権者にふさわしい民主的人格の形成に積極的にとりくむことが求められている。もとより、子ども・青年の人間的成長には、学校をふくめて社会的諸力が総合的にかかわりをもっている。したがって、それぞれの発達的意味が問われ、それらの諸力を発達的観点から総合的に組織することが必要であり、子どもの生存と発達の基底から、その発達保障を考えることが重要である。〉と述べています。

その上で、教育課程を〈教科と教科外の諸活動〉の二領域に分け、〈人類と民族の文化遺産や科学・芸術の今日的達成を、子ども・青年の発達に応じて最も効果的に習得させるような系統的に組織した諸教科〉には、〈諸教科を総合して、生活課題を学習する総合学習がふくめられる〉とするのです。ここにおける〈総合学習〉の教育課程への位置づけは、〈知識の量と生きる力の無縁な状況の一般化とその亀裂〉という現状と、戦前からの民主的実践の遺産の成果をふまえたもので、きわめて重要な提起です。

そこでは、〈総合学習〉の意義を〈総合学習は、個別的な教科の学習や学校、学校内外の諸活動で獲得した知識や能力を総合して、地域や国民の現実諸課題について共同で学習し、その過程を通して社会認識と自然認識を深め、認識と行動の不一致をなくして主権者としての立場の自覚を深めることをめざすものである。〉と規定しています。

〈総合学習〉の内容を、未来の主権者たる子ども・青年たちの成長に不可欠な国民的課題への取り組みの観点から、①問題発生の場からとして、(ア)学級・学校行事からの発展、(イ)学級・学校で起こった問題や家庭上の諸問題の究明、(ウ)地域、国民的人類的諸課題の解明、(エ)科学上の発見、社会体制転換期などの理論的諸課題の究明、等をあげ、さらに、②国民的諸課題の諸問題として、(ア)生命と健康にかかわる問題、(イ)人権にかかわる問題、(ウ)生産と労働にかかわる問題、(エ)文化の創造と余暇の活用にかかわる問題、(オ)平和と国際連帯にかかわる問題、(カ)民族の独立にかかわる問題、をあげ、小学校から高等学校までを四段階に分けてその重点と課題を提起しています。

この提起は、科学と教育、生活と教育の結合をめざし、教育の本質についての人間学的検討から、未来の主権者である子どもの真の発達を願って出されたものです。教科学習と〈総合学習〉の相互依存関係を重視し、子どもの生活現実（自然、社会、人間）と地域的・国民的課題を発達に即して総合的に学習させるという教育課程への位置づけを含む〈総合学習〉の明確な理念の定立です。

これは戦前から戦後の民主教育までの成果をすべて統合、一般化しての画期的な提言です。とくに、これから総合的学習を構想するとき、教科学習との相互関連の指摘は重要です。提言では、教科学習による法則的認識の獲得は、実生活との結合によってこそ生きたものにできるとされています。認識を軸とする相互関係においてこそ、人間観・世界観を育て真の主体者の育成が可能となるのです。

「未来からの問いと総合学習」として、試案では、〈総合学習〉を〈科学の発展そのものが、境界をこえた協同を現代的課題としている。近代の個別科学の発展をふまえつつ、科学の総合化への要請にこたえる科学方法論を子ども・青年のうちに、その発達に即して獲得させる必要がある〉という新しい課題の要請という重要な指摘をしています。しかしながら、教科間の関連をどうはかるか、科学方法論、すなわち認識の方法を総合的に発達段階に応じてどう系統化するか、それを総合的学習へどう連結させるかについては、残念ながら見えません。

イ　歴史に学び、認識を軸に生き方形成をめざす

村山俊太郎は昭和初期、社会観察・社会調査の態度として科学的に認識する方法を提起しました。戦後、今井誉次郎は、科学的世界観の育成、系統的知識の重要性を重視しました。

大正期から、児童の教育は児童の内から構成されるべきとし、生活に根ざした学習を一貫して展開し続ける付属長野小や伊那小学校をはじめ、長野の各学校の取り組みは、教育課程上において日教組の位置づけとは性格を異にします。生活の事実から系統を立て、教科に帰納し、やがて教科書は子どもによって創られるとして、総合的学習に取り組んでいるのです。

しかし、両者に見ることのできる教科の論理と生活の論理の結合という原則は、生活教育の思想として定立する総合的学習の普遍の原則です。人間観、世界観を育てる〈認識〉を軸とする総合的学習の探求は、現在においても重要な視点です。

現在、日教組の提起を受けて教育課程に明確に位置づけた総合的学習を実践化しているのは、私立和光小学校です。和光小の教育課程では、総合的学習を一、二年は「生活勉強」、三年以上は「総合学習」として位置づけています。一つの教科に入らない総合的問題を切り口に今日的課題に迫ろうとする総合的学習の実践には学ぶものがあります。

また公立小学校では、伊那小学校（長野県）における「総合学習」（一、二年）・「総合活動」（三～六

年）の取り組みは、長い歴史をもち、一九七八年から「はじめに子どもありき」の考えのもと「内から育つ子」をめざし現在まで二十年以上の全国公開研究会を重ねるなど、厚みのある実践を創造しています。三年以上の総合活動は学級ごとに中核活動を決めて（年間を通すもの、二〜三カ月のもの）取り組みます。ここでは三学年以降の総合活動と教科活動との相関・相補的関係が多様に考えられています。

ところで教科との密接な関連性をふまえることは総合的学習を価値あるものに創造する上で大切な原則です。また、先に指摘したように、各教科の総合的関連の中で、どのような認識の方法をどう系統的に学ばせ、総合的学習につなぐかの視点を欠くことはできません。しかしながら、これらの歴史的貴重な実践において、認識を育て、主体的な生き方の形成をめざしつつも、教科間をつなぎ、総合的学習へ発展させる軸となるべき認識の方法は明らかにされていません。このことについては、文芸教育研究協議会の教育的認識論の理論と実践の研究が、貴重な示唆を与えてくれます。

文芸教育研究協議会は、会長である西郷の理論的・実践的指導のもとに、一九七〇年代後半から国語科及び諸教科の関連系統指導論の研究を重ね、人間観・世界観を育てる教育をめざした教育的認識論を完成させています。認識の方法を軸に教科及び教科外を関連させ、発達段階に即して変革主体の育成に力を注いでいます。

こうした教育的認識論を軸に、子どもの発達段階と子どもの自発性を生かし、生活現実の諸課題を切り口に地域的・国民的・人類的・地球的課題の解決の取り組みとして「総合学習」を創造するということは、二十一世紀に生きる自己や自己を取り巻く世界を変革する主体を創ることになるでしょう。

新しい「総合学習」の創造は、歴史に学び、そこから引き出される原則を現代に生かす視点をもって、歴史的遺産の上に立った多様な「総合学習」の創造と展開をしなければなりません。戦後に示された学習指導要領試案の精神（教育の中央集権化による画一的教育を排し、子ども・地域の実態に立ち、教師の自主性ある創意工夫によって創造すること）こそ大切です。

活動重視、生活重視（人間・自然・社会・地域）、認識の教育としての教科の科学性・系統性の重視、教科間の認識を軸にした関連、生活と教科学習の相関・相補的関係の把握、発達段階に見合う課題設定、問題解決的学習のあり方等々、歴史の中で明らかにされてきた原則は、人間観・世界観を育て変革主体を育成する「総合学習」の創造をさし示しているのです。

（加藤憲一）

参考文献

梅根悟他編『総合学習の探求』勁草書房、一九七七。
勝田守一他『日本の学校』岩波新書、一九六四。
尾崎ムゲン『日本の教育改革』中公新書、一九九九。
藤田英典『教育改革』岩波新書、一九九七。
堀尾輝久『教育入門』岩波新書、一九八九。
稲垣忠彦『戦後教育を考える』岩波新書、一九八四。
国民教育研究所『改訂近現代日本教育小史』草土文化、一九七三。
海老原治善『民主教育実践史』三省堂、一九六八。
藤原喜代蔵『明治〜昭和教育思想学説人物史三巻』大東亜政経社、一九八六。
読売新聞戦後史班『教育のあゆみ』読売新聞社、一九八二。

海後宗臣他『近現代日本の教育』東京書籍、一九九九。

中野光『大正自由教育の研究』黎明書房、一九六八。

牧口常三郎『牧口常三郎全集』第五巻『教授の統合中心としての郷土研究』東西哲学書院、一九六五。

樋口勘次郎『統合主義新教授法』日本図書センター、一八九九。

デューイ（宮原誠一訳）『学校と社会』岩波文庫、一九六二。

『成城学園六十年』成城学園六十年編集委員会、一九七七。

中野光編『学習原論（木下竹次）』明治図書、一九七二。

木下竹次『学習各論』（上下）玉川大学出版部、一九七二。

中野光他『児童の村小学校』黎明書房、一九八〇。

日本作文の会『村山俊太郎著作集第一巻』『同第三巻』百合出版、一九六七。

『文部省学習指導要領1一般編』日本図書、一九八〇。

日生連編『日本の生活教育五十年』学文社、一九九八。

無着成恭『山びこ学校』百合出版、一九五一。

今井誉次郎『今井誉次郎著作集3・社会科教育論』合同出版、一九七七。

小西健二郎・相川日出雄『学級革命　新しい地歴教育』ホルプ社、一九八四。

鈴木喜代春『社会科の革命』牧書店、一九五八。

鈴木孝雄『学級文化活動と集団づくり―「ブタとアヒル」の物語』明治図書、一九六七。

深沢義旻『父母集団と学級づくり』明治図書、一九六九。

深沢義旻『児童詩誕生』明治図書、一九七〇。

深沢義旻『教室実践と文化の創造』明治図書、一九七三。

深沢義旻『刻む歌が聞こえる―共同版画の作り方―』明治図書、一九八二。

日本教職員組合編『教育課程改革試案』新評論、一九七六。

梅根悟編『日本の教育をどう改めるべきか』勁草書房、一九七一。
梅根悟編『日本の教育改革を求めて』勁草書房、一九七四。
小松恒夫『教科書を子どもが創る小学校』新潮社、一九八二。
柴田義松『新指導要領の読み方』あゆみ出版、一九九九。
佐々木勝雄『子どもの学びをひらく総合学習』あゆみ出版、一九九九。
丸木政臣他編『和光小学校の総合学習の授業』民衆社、一九九〇。
高浦勝義編著『総合学習の理論』黎明書房、一九九七。
高浦勝義『総合学習の理論・実践・評価』黎明書房、一九九八。
加藤幸次編著『総合学習の実践』黎明書房、一九九七。
今谷順重編著『総合的な学習の新視点』黎明書房、一九九七。
行田稔彦他『ともに生きる総合学習』あゆみ出版、一九九九。
柴田義松『学び方の基礎・基本と総合的学習』明治図書、一九九八。
『内から育つ』（研究紀要）伊那小学校、一九九八。
西郷竹彦『西郷竹彦文芸・教育全集3　国語科の全体像』恒文社、一九九六。
西郷竹彦『西郷竹彦文芸・教育全集4　教育的認識論』恒文社、一九九六。

第五章　文芸研のめざす総合学習（まとめ）

関連系統指導に基づく「教科学習の確立」と「総合学習の展開」の統一

私ども文芸研は、国語科教育を専攻する研究団体であり、文芸をはじめ説明文、作文、読書などの研究と実践をつみ上げてきました。

しかし本書で文芸研の歴史をお読みいただいておわかりのように、私どもは他教科との関連系統指導ということを力説し、その研究と実践もすすめてきました。

しかし、なぜ、国語科専攻の文芸研が、他教科との関連を主張し、「総合学習」への足取りをすすめてきたのか。おおまかなところは理解していただけたと思いますが、一つには、すでに詳細論じてきましたとおり、〈ものの見方・考え方〉（認識方法）を中軸として国語科の系統指導を打ち立てたことが、同時に他教科との関連ということも理論的、実践的に可能になったということによります。

しかし、何よりも国語科そのものが、いわば「総合学習」的な構造を本来もっているという事情にもよります。昔から国語科は「総合科」的な教科と考えられてきました。たとえば文芸教材も説明文教材も、その題材として人間と人間を取りまくあらゆる領域にわたるということが、まず総合科としての性格をもつ第一の理由と言えます。また作文教育は、すべての教科と生活を関連・総合するものであり、その意味からも国語科は、いわば「総合学習」のミニチュア版と言えましょう。国語科の全領域を一つに関連・総合するところから出発した文芸研が他教科との関連・総合というところへ到達したのも、必然ななりゆきであったと考えます。

半世紀近い歴史をふりかえって、私どもは、「総合学習」という名称を用いたことはありませんが、本質的には「総合学習」をも視野に入れた関連系統指導を一貫しておしすすめてきた、と言えましょう。

昨今、総合的学習が話題になってきたため、あわてて取り組んでいるわけではありません。私どもにとっては、かくなることは歴史の必然であったと考えております。

今、現場の教師たちの悩みの一つは、総合的学習に力を入れると教科学習がおろそかになり、教科学習をこれまで以上にしっかりやろうとなると、総合的学習どころではない――といったジレンマに陥っていることです。基礎基本の学力さえ、授業時数大幅削減の中でどうやって子どもたちにつけたらいいのか、前途暗たんたるものがあります。

教科学習と総合的学習を両立させる、いかなる道があるのか――それが、今何よりも求められていることであると思います。

教育の問題にかぎらず、すべて方法というものは絶対的、理想的なものはありえません。それぞれ一長一短あります。長所が短所であり、短所が長所にさえなるというものです。ある目的のもとに、ある条件のもとに、妥当なベターな方法が考えられるということなのです。

教科学習――は、複雑な現実をある観点でモデル化(典型化)して学習させる方法です。ねらいが明確で「土俵」が決まっていますから、学習しやすく、評価もしやすい。また、系統的な指導が可能となります。しかし、当然のことながら、現実・生活から遊離しやすい難点もあります。

他方、総合的学習は、系統的な指導は困難となります。総合的学習は机をはなれ現実・生活とじかに向き合うことが多くなります。ところが、たとえどんな些細な現実でも、生活現象でも、さて、取り組んでみると、案外に多種多様な要因・要素が複雑にからみ合っていて、一筋縄にはいきません。現象に足を取られ、いったい何をやっているのか〈ねらい〉さえぼけてくる危険があります。あれやこれややったが結局、どんな力が育ったのか、はっきりしない――ということになりがちです。かつて、コアカリキュラム全盛時代、「這いまわる経験主義」という悪名を取ったのは記憶に新しいところです。（それへの批判が教科の系統指導ということになって今日に至っています。）

しかし「総合学習」は、ばらばらにわかれている教科学習のあり方を総合的な課題によって関連・総合するという利点があります。

また、現実を生のままな体験を通して認識させるという、教科学習では得がたい実践力がつくということも考えなければならないでしょう。

教科学習と「総合学習」のこの相反する性格を統一するためには、西郷の主張する認識方法（ものの見方・考え方）の関連系統指導の原理による他に道はないと信じます。

西郷が本書で一貫して力説してきた関連系統指導に基づくとき、系統的に教科学習してきた力がそのまま「総合学習」に生かされ、「総合学習」で実際的に現実面で身につけた認識力が、逆に教科学習をさらに充実させることになるはずです。

これからの教育を考えるとき、各教科の認識方法の系統性による指導を確立するとともに、各教科を認識方法によって横断・関連づけることで、「総合学習」をも可能とする道以外にはありえないと考えます。

明治以後の戦前、戦後の教育の歴史をふりかえったとき、総合的学習への多くの試みがなされ、それぞれに貴重な実績を残していますが、残念ながら教科学習と「総合学習」の統一がなかなかに果たせなかったのは、両者を統合する原理をもたなかったからであると思います。

今こそ、私どもは、認識方法の関連系統指導に基づく教科学習の確立と「総合学習」の展開、その統一をめざすべきときと考えます。

そして、そのための基本的な理論、知識、方法は文芸研半世紀の歴史が充分に生み出しえたと確信しております。

(西郷竹彦)

あとがき

総合的学習にかかわる研究や実践を積極的に企画刊行されている黎明書房社長武馬久仁裕氏のおすすめにより、私ども文芸研のめざす「総合学習」についての理論編と実践編をまとめることになりました。

武馬社長には、いつもながら私どもの無理なお願いも快く受け入れていただき感謝しております。

なお、編集実務を担当されました編集部の吉川雅子さんには表記などの細かなことから構成にいたるまで、ほんとうにお世話になりました。これまた、紙面をかりてお礼を申し上げます。

西郷竹彦

編著者紹介

西郷竹彦

1920年，鹿児島生
文芸学・文芸教育専攻
元鹿児島短期大学教授
文芸教育研究協議会会長
著書『文学教育入門』（明治図書）
『虚構としての文学』（国土社）
『文学の教育』（黎明書房）
『せりあがる授業』（黎明書房）
『国語教育の全体像』（黎明書房）
季刊『文芸教育』誌主宰（明治図書）
『実践講座　絵本の指導』全５巻責任編集（黎明書房）
『西郷竹彦文芸教育著作集』全23巻（明治図書）
『法則化批判』『続・法則化批判』『続々・法則化批判』（黎明書房）
『名句の美学〈上・下〉』（黎明書房）
『名詩の美学』（黎明書房）
『子どもと心を見つめる詩』（黎明書房）
『宮沢賢治「やまなし」の世界』（黎明書房）
『西郷竹彦文芸・教育全集』全36巻（恒文社）

執筆者紹介

藤井和壽　広島県福山市立蔵王小学校教諭
加藤憲一　大東文化大学文学部教育学科助教授

文芸研《ぶんげいけん》の総合学習《そうごうがくしゅう》（理論編《りろんへん》）

2000年６月10日　初版発行

著　者　西《さい》郷《ごう》竹《たけ》彦《ひこ》
発行者　武馬久仁裕
印　刷　舟橋印刷株式会社
製　本　協栄製本工業株式会社

発行所　株式会社　黎《れい》明《めい》書《しょ》房《ぼう》
〒460-0002　名古屋市中区丸の内3-6-27 EBSビル　☎052-962-3045
FAX052-951-9065　振替・00880-1-59001
〒101-0051　東京連絡所・千代田区神田神保町1-32-2 南部ビル302号
☎03-3268-3470

落丁本・乱丁本はお取替します。　ISBN 4-654-01646-5